새롭게 꾸민 현대인의

新

장례·제례

특집 신 장례·화장 문화

임중웅 편저

Books
신나라

분향(김국광 한식 묘사)

독축(김국광 한식 묘사)

굴건제복을 입고 전통 제례를 치르는 모습

초헌 헌작

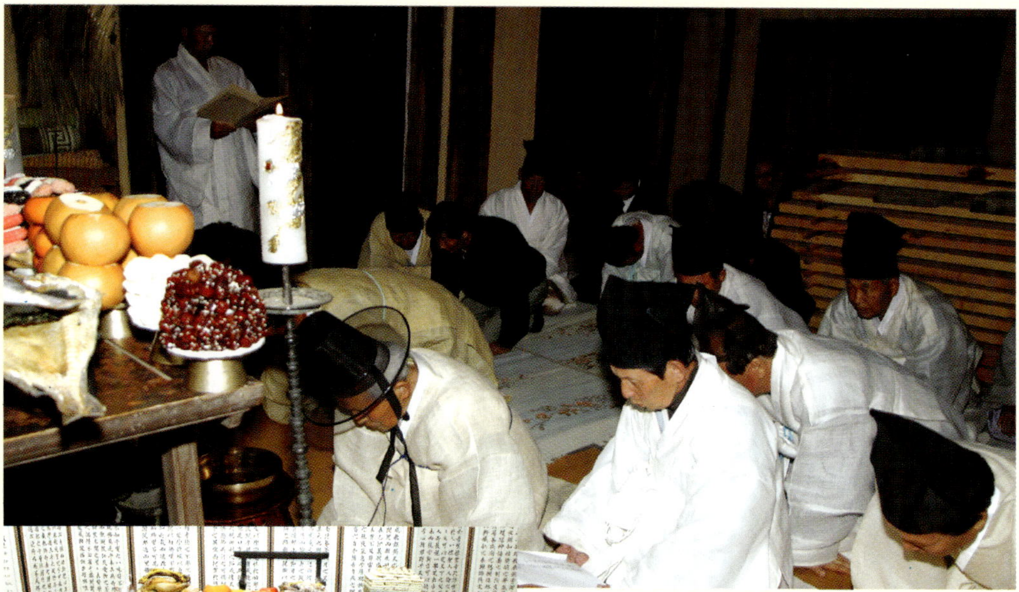

충재 종택 정경부인 기제사

한주 종택 추석 차례상

하서 종택 불천위 제사

연기군 안순근 씨 설 차례

천주교_ 장례일이 되면 영구를 본당으로 옮기고 연미사를 거행한 뒤 장지로 향한다.

다비식_ 혜암 종정 예하 다비식. 합천 해인사.

신 장례葬禮 · 제례祭禮

사람이 살고 있다는 것은 죽음으로 다가가고 있다는 뜻이다.

누구나 한 번은 머지않아 죽기 마련이지만 '죽음이 대문밖에 있다' 는 말이 있다. 대문 밖을 나서면 곧 장례를 치러야 하고 이어서 제례도 따른다. 유한(有限)한 생명인 사람은 기껏해야 1세기 남짓 살다가 사랑하고 정든 사람들과 영원히 이별하게 된다.

이렇듯 애절하고 엄숙한 죽음을 맞이하여 통과하는 의례가 장례이며 그 후 사모의 정을 담아 고인을 추도하는 제례를 남기게 된다.

장례와 제례에 관한 서적은 이미 많이 출간되었다.

어렵고 복잡한 전통식 장례와 제례의 의식 절차는 같은 내용을 표현하기 때문인지 책마다 서술방식이 거의 같다고 보아야 할 것이다. 본서의 방식도 그 테두리를 벗어나지 못하였다.

오늘날에는 복잡하고 까다로운 전통식 의식이 사실상 실용화되지 못하고 있는 실정이기 때문에 본서에서는 시대의 변화와 더불어 장례와 제례도 변화되는 추세에 보조를 맞추어 신(新) 장례·화장 문화가 요구된다고 여겨 이 방향으로 표적을 겨냥했다.

요즈음은 무엇보다도 고인이 영면(永眠)할 묘지난이 심각한 상황이므로 화장과 봉안에 주안점을 두었으며 따라서 화장 후 봉안처리에 있어 첨단 방식을 소개했다. 봉안당 및 봉안묘 봉안에 앞서 부패 우려가 없는 유골처리 방법과 유골의 사리(舍利)화를 다루어 유족에게 영구히 청결성과 관리의 편리성에 부응(副應)하는 방안을 제시했다. 즉, 명당(明堂)의 개념도 변화되고 있는 것이다.

예(禮)를 존중하는 우리나라에서도 부모가 살아 계실 때 봉양(奉養)을 소홀히 하고는 자기 자손에게는 공경받기를 바라는 몰염치한 사람이 있다. 막상 부모가 돌아가신 뒤, 성대한 장·제례 예식을 차리는 것은 우스꽝스러운 일이다. 가문의 체통과 위신을 지키기 위해 산해진미의 제사 진찬을 가득히 차려도 고인은 먹지 못한다.

죽은 자는 말이 없다. 그러나 고인은 남은 자에게 부담을 덜어 주고 남은 자는 고인에게 간소하게나마 진정으로 정성을 다하는 예를 갖추어야 할 것이다.

세상에 나를 있게 해 주신 부모와 조상에 대한 효(孝)의 도리를 지키는 의식, 이것이 곧 장례와 제례의 근본 정신이다.

전통 장례와 제례를 살펴보면 과거에 사대부(士大夫) 가문에서 전통 의식의 격식을 차린 예절이 마치 권위의 상징인 양 전래되어 온 허례 허식의 폐단도 적지 않았다.

어느 시대나 고인은 기제나 차례 등의 제사와 성묘를 통해 자손들이 서로 화목하는 계기가 되길 바랄 것이다. 그러나 탐욕스런 고인이 생전에 많은 사람들에게 지탄을 받아가면서 변칙으로 누린 부귀영화로 인해 자손들이 고인에 대해 공경심이 우러나지 않는다면 고인의 웰빙과 웰 다잉(잘 살고 잘 죽는 것)은 실패한 것이다. 유산 분쟁으로 화목하지 못한 부유한 자손들이 고인에게 형식적인 호사한 장례를 치르거나 그럴싸한 제찬을 올려도 이는 마음이 떠난 의미없는 예(禮)일 뿐이다.

사후에 명당에서 영면하길 바라거나 잘 죽기 위해서는 먼저 덕을 베풀어 쌓는 일[積德]이 최선이다.

마음을 다스리는 생각, 곧 정신 세계의 근원에 즐거운 웰빙의 원천이 자리잡고 있다는 것을 깨닫게 될 때 웰빙의 개념도 바뀔 것이다.

생전에 잘 먹고 잘 사는 well being도 중요하지만 잘 죽는 well dying은 더욱 중요한 것이다. 따라서 본서에서는 삶의 의미를 반추하고 죽음에 대한 성찰(省察)을 통해 '아름다운 죽음의 길라잡이(WELL DYING GUIDE)' 역할을 하고자 '신 장례 · 화장 문화' 에 지면을 할애했다.

이 책이 독자분들께서 장례 예법을 이해하는 데 보탬이 되길 기대한다.

봉안당이나 추모공원에 묻혀 있을 자신을 상상하며 본서를 읽으면 예(禮)의 접근에 도움이 될 것이다.

자손의 외면과 홀대로 외롭게 살아가는 독거(獨居) 노인들의 '고독한 죽음들' 을 안타까이 보면서…….

편저자

신 장례·화장(火葬) 문화

01 죽음에 대하여

죽음, 쉽게 정의를 내릴 수 없는 말이다. 화려한 영광과 부(富)를 누린 사람도 '空手來空手去'의 자연의 섭리에서 예외일 수 없다. 여느 생물처럼 인간도 태어나고[生] 사라짐[死]이 길어야 1세기를 넘기지 못함도 자연의 섭리다. 영겁(永劫)의 시간 속에 한 점(点)의 시작이자 끝이 인간의 삶과 죽음이다. 찰나(刹那)의 삶과 영면(永眠)의 죽음에 이르는 과정에서 자연은 모든 인간에게 공(空)을 주었다.

삶[生]과 죽음[死]도 공(空)으로 회귀(回歸)하는 것이 자연이다. 삶은 죽음을 향한 과정일 뿐이다. 삶이 사라져 없어지는 것, 즉 소멸(消滅)이 곧 죽음[死亡]이다. 소멸(消滅)은 소멸(燒滅 : 불타서 없어지는 것)되기도 한다. 자신이 생물사회로부터 기화(氣化)되어 사라져 없어지는 것[無]도 죽음이다. 죽음이란 곧 '형체의 변화'라고 볼 수 있다.

우주 만물 속에는 한정된 인간이 인식할 수 없는 무한정(無限定)의 본체(本體)가 있듯이 죽음의 세계도 인간의 인식으로는 인지(認知)할 수 없다. 곤경에 처한 사람은 흔히 "살아도 사는 게 아니다"라고 말한다. 생물학적으로 살아 있어도[生] 죽어 있음[死]을 뜻한다.

그럼에도 세상의 미련과 기적의 기대 심리로 삶을 포기하지 못하고 얼마 남지 않은, 다가오는 죽음을 연장하기도 한다. 삶의 애착을 버리면 生의 끝, 곧 죽음이다.

일반적인 죽음은 생물구성 조직세포의 기능정지 상태를 이른다. 의학계에서는 심장고동과 호흡 운동의 정지를 죽음이라 한다. 보통 말하는 삶[生命]과 죽음[死]은 생명개체의 체제화의 유지와 붕괴를 뜻한다.

죽음이란 자연적·우발적 또는 자각적으로 다가오는 生의 종말이다. 모든 생명현상(유기체)에 필연적으로 다가오는 무기체로의 전화(轉化)는 아무도 자각적으로 체험할 수 없다. 하이데거는 현존(現存)의 인간을 '죽음으로 향한 존재'라고 규정했다. 그에 의하면 인간은 항상 죽음의 주변을 배회하면서 자기의 종말을 목격하고 있으면서도 한편 자기가 마땅히 도달할 곳, 즉 죽음의 본질에 대해서는 아무것도 모르고 있다고 한다. 이것이 죽음에 대한 공포인 동시에 매력이다.

죽음에 대해 공자는 "나는 생(生)도 잘 모른다. 하물며 죽음에 관해서랴"라고 한 말은 죽음을 불가해(不可解)한 것으로 생각했던 것이다. 그러나 석존(釋尊)이 철학적 명상에 심취한 까닭은 노(老)·고(苦)·병(病)·사(死)의 불가피함을 자각한 데에 있다고 한다. 그는 해탈(解脫)에 의해서 죽음의 공포에서 벗어나는 길을 찾은 것이다. 석존은 "몸이 죽어 묘지에 버려지고 송장이 뼈마저 썩어 문드러지는 것을 보면 자신의 몸이 바로 자연이며 자연과 동일한 것이고, 그렇게 될 것이며, 결코 그에서 벗어날 수 없음을 알게 된다"고 말하였다. 모든 것은 생멸변전(生滅変轉)하여 상주(常住)함이 없는 무상한 것임을 설파(說破)한 것이다.

석존의 영향을 깊이 받은 쇼펜하우어는 오히려 초연히 죽음에 임하는 데서[自殺] 삶, 다시 말하면 죽음의 공포를 넘어서려고 하였다. 그 후 자살을 삶의 최상의 방법이라고 찬탄한 나머지 스스로 자기의 이론을 실천에 옮긴 독일의 철학자들도 있었으나 그들도 역시 실험결과를 남겨 놓지 못하였다.

한편 플라톤은 죽음을 신체로부터 불사(不死)의 세계로 영혼을 옮기는 일이라고 생각했다. 이 사상은 기독교에서 더욱 철저하게 되어 죽음은 하등 두려워하고 슬퍼

해야 할 성질의 것이 아니고 신자(信者)에 있어서는 오히려 신체로부터 정신을 해방시키는 자유에의 길이라고 생각하게 되었다. 오늘날의 변증법적 신학에서는 죽음을 죄의 보응(報應)으로 보는 나머지 오직 신의 존재성을 믿는 독실한 신앙에 의해서만 구원이 가능하다고 주장하고 있다. 스토아 학파나 에피쿠로스 학파도 죽음의 공포에서 모면할 길을 모색했다. 특히 에피쿠로스 학파에서는 사후(死後)의 세계를 무(無)라고 단정하여 그에 대한 형이상학적 사변(思辨)을 버리고 오직 현재의 생(生)에만 충실을 기하려고 하였다. 에피쿠로스는 "죽음은 우리에게 있어서는 무(無)이다. 우리가 살아 있는 한 죽음은 존재하지 않는다"라고 외쳤다. 그러나 죽음의 철학적 의미를 가장 절실하고 깊게 추구한 것은 역시 실존철학(實存哲學)에서이다. 인간은 죽음 속에서 존재의 출발점을 찾게 된다. 죽음은 우리가 도달할 종착역이 아니라 우리가 실존으로서의 자기를 자각하는 적극적인 계기(契機)의 의미를 갖게 된다. 그러나 같은 철학적 입장에 있는 사르트르는 죽음과 생을 결부시켜 다루는 위와 같은 견해에 반대하여 죽음을 완전한 우발적 사고(事故)로서 "우리가 태어난 것이 부조리(不條理)라면 우리가 죽는다는 사실도 부조리이다"라고 말했다.

죽음에 대한 정의(正義)는 정론을 펴기도 어렵거니와 누구나 한 번은 맞이해야 하는 죽음에 있어 통과의례를 거치지 않을 수도 없다. 죽음의 통과의례에는 예식(禮式)도 중요하지만 고인의 안식처 문제가 필수적으로 대두되는데 그동안 매장 방식을 흔히 선택해 왔다. 그러나 이제 지구는 고인들을 위한 예비공간이 더 이상 마련되어 있지 않다. 따라서 대부분의 유족들은 고인의 안식공간의 부족으로 인해 자연히 화장(火葬)을 선택하지 않을 수 없게 되었다. 생자(生者)와 사자(死者) 간에 원만한 공간 활용방안, 이것이 미래의 과제이다. '인간은 누구나 흙에서 왔다가 흙으로 돌아간다' 는 말은 앞서 석존이 말한 '몸은 자연과 동일한 것' 과 같은 개념으로서 인간은 역시 자연(흙)에서 와서 자연(흙)으로 돌아가는 것이 자연의 순리이리라.

종내(終乃) 한 줌 흙이 될 우리네

세상 고통 벗고 영면(永眠)할 고향, 흙–
흙이 있어 좋다.

그러나 고인이 묻힐 땅이 없다 해서 세상을 떠나는 자를 불태워 없애려 하는 남은 자의 마음과 행위를 단순히 시대적 대세(大勢)나 정책적 차원으로만 치부하여 당연하다고 평가하는 것은 생각해 볼 일이다.

삭막한 세태에 남은 자와 떠나는 자 간에 정성을 다하는 화해와 순화(純化)된 이별의 예(禮)가 아쉽다. 다만 남은 자가 떠나는 자로부터 신속하고 깨끗하게 벗어나고자 즉흥적이고 인위적인 행위만 없다면 매장과 화장 중에 어떤 방식이 옳고 그르다고 단정하기는 어려울 것이다. 무엇보다 죽음에 대한 시선과 견해, 인식의 문제이다.

새로운 장사(葬事)정책이 삶과 죽음의 문제에 대한 사회적 성찰(省察)의 계기가 되기를 기대한다. Well Dying– '아름다운 죽음'을 기원하며.

여기, 살아 있으면서 다가올 죽음을 예감하고 天命을 거역하지 않고, 때가 되면 順天하리라는 세상을 떠난 막걸리 시인, 천상병 씨의 주옥 같은 시를 소개한다.

> ## 歸天
>
> 나 하늘로 돌아가리라
> 새벽빛 와 닿으면 스러지는
> 이슬 더불어 손에 손을 잡고
> 나 하늘로 돌아가리라
> 노을빛 함께 단 둘이서
> 기슭에서 놀다가 구름 손짓하며는
> 나 하늘로 돌아가리라
> 아름다운 이 세상 소풍 끝내는 날
> 가서 아름다웠더라고 말하리라.

02 화장의 필요성과 장례 절차

불교에서 승려가 입적(入寂 : 사망)하면 다비(茶毘)라 하여 반드시 화장에 의한 장례를 치르며, 서양에서는 고대 그리스 시대부터 화장을 행했다고 한다. 불교의 영향을 받은 우리나라도 신라 때 화장법이 전해 내려오다가 조선 시대에 들어와 유교가 성하면서부터 고인의 시신을 욕되게 한다 하여 화장이 점점 사라지게 되었다.

비록 세상을 떠났어도 부모나 가까운 사람을 불 속에 넣어 태움으로써 고인의 이승에 대한 흔적을 없애 버린다는 것은 너무 야박한 일이라고 여겨 일부에서는 조상의 내력과 세도를 과시하고자 호화로운 큰 분묘를 쓰기도 했다. 또한 고인의 시신을 훼손(毀損)하지 않고 명당에 잘 모셔야만 후손이 복을 받게 된다는 풍수지리설(風水地理說)에 의한 영향도 있었다.

하지만 아직도 매장의 선호로 인하여 매년 서울 여의도의 면적이 묘지화되고 있어 오는 2015년경에는 묘지가 포화상태에 이른다는 것을 생각하면 이것 또한 심각한 문제가 아닐 수 없다.

이에 더 미룰 수 없는 화장·봉안 시설 및 추모공원의 건립이 절실히 요구되는 것이다. 미래형 가족묘는 봉분(封墳)을 흙으로 쌓되 테두리를 대리석으로 둘러싸고 납골함(納骨函)을 여러 개를 안치하는데, 구조에 따라서는 합장을 하면 몇 십 위까지 모실 수 있게 된다.

이렇게 한 번 봉안묘를 만들어 놓으면 후손 몇 대까지 묘지 걱정을 하지 않아도 되고, 성묘하기에도 편리하다. 이제 우리나라도 화장에 대한 인식의 전환으로 좁은 국토의 효율적 활용 방법을 강구해야 할 때이다.

다음으로, 화장할 때에 유의해야 할 사항들은

첫째, 화장을 하려면 반드시 의사가 떼어 주는 사망진단서를 받아 거주지 관할 읍·면·동사무소에 가서 사망신고를 하고 화장 신고증을 교부받아서 화장장에 가야 한다.

둘째, 입관할 때 고인의 유물 중에서 불에 타지 않는 것은 넣지 말아야 한다.

셋째, 화장장에 도착하면 화장 신고증을 제출하고 순서를 기다린다.

넷째, 시신을 화장하기 전에 유족들은 마지막으로 분향을 한다. 화장이 끝난 후의 유골은 시립 봉안당, 종교 또는 사설 봉안당, 봉안묘에 안치하는 것이 상례(常例)이므로 교통편과 환경이 좋은 봉안(奉安) 장소를 사전에 준비해 두어야 한다.

부산 '화장률' 2년째 전국 1위

지난해 사망자의 74.83%…인천 서울 2·3위

부산의 화장 장례 비율이 2년 연속 전국 1위로 나타났다.

부산시는 최근 통계청 발표 결과 지난해 부산의 사망자수에 대한 화장건수 비율(화장률)이 74.83%로 집계돼, 전국의 52.59%보다 22.24%포인트나 높은 최고를 기록했다고 4일 밝혔다.

부산의 이런 화장률은 2위를 기록한 인천의 69.04%보다 5.79%포인트 높은 것이며, 지난 2004년의 71.92%보다도 2.91%포인트 늘어 2년 연속 전국 1위의 자리를 지키게 했다. 〈표 참조〉

부산의 화장률이 높은 이유는 시내에 매장터가 부족한데다 시민들이 과중한 장례경비 부담을 줄이기 위해 공설 장사시설인 영락공원을 많이 이용하고, 시와 장묘문화 개선 범시민추진협 등 시민단체들이 화장문화에 대한 인식전환을 위한 홍보활동을 꾸준히 벌여온 결과로 분석된다.

부산시는 1995년 영락공원을 열면서 기존 매장 위주의 장사정책을 화장·납골 위주로 바꿨으며, 이후 부산의 화장률은 2003년까지 연평균 3.6%포인트씩 급속한 증가세를 나타냈다.

부산의 화장률(전국 화장률)은 2001년 62.20%(38.50), 2002년 66.13%(42.60), 2003년 68.13%(46.30) 등으로 나타났다.

시는 이런 증가추세에 비춰 2010년 이후에는 화장률이 90%를 넘어설 것으로 전망하고, 이에 대비해 기장군 정관면 두명리 일대에 새로이 추모공원을 조성하고 있다. 부산/신동명 기자 tms13@hani.co.kr

2005년도 화장률 현황			
구분	사망자수 (명)	화장건수 (명)	화장률 (%)
전국	243,886	128,251	52.59
서울	38,367	24,881	64.85
부산	18,727	14,014	74.83
대구	11,407	5,875	51.50
인천	11,067	7,641	69.04
광주	5,885	2,440	41.46
대전	5,742	2,863	49.86
울산	4,081	2,516	61.65
경기	42,615	25,682	60.27
강원	10,506	4,912	46.75
충북	9,661	2,873	29.74
충남	13,894	4,391	31.60
전북	13,354	5,277	39.52
전남	16,206	4,409	27.21
경북	20,158	8,729	43.30
경남	19,314	10,732	55.57
제주	2,902	1,016	35.01

한겨레 2006. 9. 5. 화요일 부산 / 신동명 기자 tms13@hani.co.kr

3일 장례 절차 요약(일반 사례)

1일째 임종

● 장례식장 가기 전에 의사에게 사망진단서 발급 요청(7통)

－사용처는 동사무소(사망 신고), 장례식장 이용, 매장·화장·봉안시, 보험회사
  보험청구용, 국민건강보험 장제비 청구, 상주보관용 등에 필요

● 사고사의 경우 시체검안서, 검사지휘서 필요

● 장례식장 이용 가능 여부 전화로 확인 후 장례식장으로 운구

● 안치실 배정(유가족이 동행, 안치실 호실 확인) － 수시 및 부고

● 이용 안내 및 상담 : 빈소 결정(조문객 수를 감안하여 결정), 임대차계약서 작성

2일째 입관

● 입관 시간 결정→입관 전 장의용품(관·수의·부속품 등) 준비→입관 전 사망진
  단서(시체검안서) 준비→염습→입관제(종교별)→입관→의식 후 상복으로 갈아입
  고 완장을 착용(상주 표시)→장묘시설 이용시 필요한 서류 준비→장례식장 이용
  료 및 장의용품비 발인 전 정산

3일째 발인·운구

● 장지에서 사용할 물품 준비 및 장의차량 배차 시간, 장의차량(선도차 리본 등) 확
  인→운구조 편성(6~8명)→전화이용료 수납(발인 1시간 전)→발인제 및 위령제
  준비→시신 인수(유가족 한 분이 직원과 동행 이상 유무 확인)→발인제(종교별)

● 화장장 또는 매장지로 출발

※ 상주(유가족)측 확인 사항

● 장례일정·장례 방법 결정(입관 시간·발인·묘지·화장시 봉안당·봉안묘·산골 예약 등)

● 사망진단서(시체검안서) 혹은 검사지휘서, 주민등록 등본이나 초본

● 부고 : 전화 또는 서신　● 영정사진　● 빈소 차림　● 빈소 전화 설치

● 장의용품(수의·관·상복 등)　● 음식 기타 물품 구입　● 장지 및 장의차량 결정

03 화장장 이용 방법과 절차

① 화장장 이용 구비서류

구분	구비서류	발급처
병사일 경우	사망진단서 또는 시체검안서 1부 주민등록등본이나 초본 1부	병원 · 동사무소
사고사 또는 사인미상의 경우	시체검안서(사망진단서) 검사지휘서 1부 주민등록등본이나 초본 1부	병원 · 동사무소
노환, 자연사로 인해 시체검안서 발급이 곤란한 경우	매 · 화장경유서 또는 사망확인서 1부 주민등록등본이나 초본 1부	읍 · 면 · 동장
내국인이 외국에서 사망한 경우	사망진단서 또는 시체검안서 1부 사망확인서 1부	외국 주재 한국대사관이나 영사관(번역본 공증 필요)
외국인이 국내에서 사망한 경우	사망진단서 또는 시체검안서 1부 사망확인서 1부	국내에 주재하는 해당 국가 대사관이나 영사관
개장유골	개장신고증 1부 주민등록등본 또는 초본 1부	분묘의 관할 읍 · 면 · 동사무소

※ 위의 모든 경우에서 신고서류는 반드시 원본이어야 하며, 복사본은 사용할 수 없음

사망진단서(시체검안서) · 사망확인서 발급

- 사망진단서(시체검안서) 발급 : 사망자를 진찰 또는 검안한 의사 · 치과의사 · 한의사가 아니면 사망진단서(시체검안서)를 교부하지 못함.(의료법 제18조)
- 사망진단서 : 의사에 의한 진료(치료) 도중 사망하여 발급되는 경우
- 시체검안서 : 사망 후 의사에 의한 검시 후 발급되는 경우
- 사망확인서 발급 : 사인이 노환이나 자연사로 병원 의사의 시체검안서 발급이 곤란한 경우 읍 · 면 · 동장이 발급하는 사망확인서를 발급받을 수 있음
- 연금(군인연금, 군인보험 등), 보상금(산업재해보상금 등)의 지급신청을 목적으로 하는 경우 사망진단서(시체검안서) 발급 전이라도 사망확인서를 발급받을 수 있음.

●사망 또는 사산 후 24시간이 경과하지 않으면 매장할 수 없음.

(단, 4개월 이상의 죽은 태아나 전염병 예방법 제2조의 규정에 의한 법정 전염병으로 사망한 시체는 24시간 이전이라도 매장 또는 화장이 가능함).

② 화장장 이용 방법과 절차(서울시 승화원 기준)

단계	담당자	이용 방법과 절차
1. 예약	접수담당	●5일 전부터 24시간 예약접수 가능(상주) -3회차까지 접수 가능(07:30, 10:30, 13:00) -고인 · 상주 · 예약시간 · 장례식장 상주 연락처 확인 ●예약시간 · 예약번호 · 상주 통보　●지참서류, 기타 준수사항 설명
2. 접수	접수담당	●화장시간 30분 전까지 화장장 도착 ●상주가 준비된 서류지참 접수실에 화장신청 -사망확인서 · 시체검안서 · 검사지휘서(사고사인 경우) · 주민등록등(초)본 · 　국민기초생활수급자 및 국가유공자 증명서(해당될 경우) ●신청서, 지참서류 이상유무 확인(개장의 경우 전국 지방자치단체 유골화장 가능) ●화장료 징수 후 위패 지급. 봉안시 봉안 신청(유족)
3. 운구	유족	●봉송원에게 위패 인계→영구차에서 수동대차에 운구 ●봉송 전 헌화 예식(종교별) ●도착순서에 의거 안치실까지 운구 후 안치하고 번호표 지급 ●번호표와 시신의 확인→화장로 전실로 봉송(운구 : 유족) ●화장 작업원에게 인계 후 조객 관망실로 안내(유족 대기실 휴식)
4. 입로	작업원	●시신을 해당 화장로로 운구→위패를 화장로 전면에 게첨 ●유족 입회 하에 입로 - 고인 및 유족에 대한 예의 표시
5. 화장 및 수습	작업원	●화장로 화장 시작 스위치 작동→화장 종료 후 화장로 수골 -유골 수습 전 고인에 대한 예의 표시 ●분골실에서 유골 수습(유족 입회)-분골 유골 확인 ●고인 및 유족에 대한 예의 표시
6. 봉송	작업원	●수습한 유골을 보자기에 포장 후 유족에게 인계 ●고인 및 유족에 대한 예의 표시
	유족	●영정을 앞세우고 유골을 양 손에 들고 봉안시설로 이동 -영정과 유골을 장의차량 앞쪽에 모시고 이동
7. 봉안 시설	유족	●봉안묘 또는 봉안당에 도착하여 안내를 받아 지정된 곳에 안치(위령제)

각종 서식

<table>
<tr><td colspan="6" align="center">원부대조필 인</td></tr>
</table>

사 망 진 단 서
(사 체 검 안 서)

<table>
<tr><td colspan="8" align="right">원부대조필 인
확인도장</td></tr>
</table>

발행번호 : _____
등록번호 : _____

성 명		성별		주민번호	
실제생년월일	년 월 일			직 업	
본 적					
주 소				(신분증과 동일)	
발 병 일 시	년 월 일 시 분(24시각제에 의함)				
사 망 일 시	년 월 일 시 분(24시각제에 의함)				
사 망 장 소	주소				
	장소	① 주택내) ② 의료기관 ③ 시설기관(양로원, 고아원 등) ④ D.O.A ⑤ 산업장 ⑥ 공로(도로, 차도) ⑦ 기타(구체적 기술)			
사 망 종 류	① 병사 ② 외인사 ㉮ 교통사고 ㉯ 불의의 중독 ㉰ 불의의 추락 ③ 기타 및 불상 ㉱ 불의의 익사 ㉲ 자살 ㉳ 타살 ㉴ 기타 사고사				
사 망 의 원인	(가) 직접사인	호흡부전	발병부터	
	(나) 중간 선행사인	폐렴	사망까지의	
	(다) 선행사인	다방성 골수증	기간	

중간 생략(외인사의 추가사항)

위와 같이 증명함

200 년   월   일

병 원   병 원
직 인

서울특별시

면허번호 제   호   의사 성명 홍길동(인)

사 인
도 장

※ 사망 종류에 병사가 아닌 외인사, 기타 및 불상사인 경우는 사망 장소의 관할 경찰서에 신고하여 경찰의 지시를 받
  아야 함. 이 경우 검시필증 및 시체인도서를 입관 전까지 제출하여야 입관이 가능함.

사망증명서(인우)

<table>
<tr><td rowspan="7">사
망
자</td><td>본　　　적</td><td colspan="3"></td></tr>
<tr><td>주　　　소</td><td colspan="3"></td></tr>
<tr><td>성　　　명</td><td></td><td>성　　　별</td><td>남 / 여</td></tr>
<tr><td>주민등록번호</td><td colspan="3"></td></tr>
<tr><td>호주의 성명</td><td></td><td>호주와의 관계</td><td></td></tr>
<tr><td>사망연월일</td><td></td><td>연　　　령</td><td></td></tr>
<tr><td>사 망 장 소</td><td></td><td>병　　　명</td><td></td></tr>
<tr><td colspan="2">사망사유
(구체적으로 기재할 것)</td><td colspan="3"></td></tr>
</table>

위 사망을 증명함.

　　　　　　　　　년　　　　월　　　　일

본　　　　적 :
주　　　　소 :
주민등록번호 :
증명인 인우인 :　　　　　　　　ⓘ
본　　　　적 :
주　　　　소 :
주민등록번호 :
증명인 인우인 :　　　　　　　　ⓘ

사망신고 접수처 및 서류

구분	신고서류	용도	비고
장례식장	● 병사 사망진단서 또는 시체검안서 1부 ● 외인사, 기타 및 불상 사망진단서 또는 시체검안서 1부 검시필증 1부	입관용	● 입관 전에 반드시 사망진단서나 시체검안서를 제출
묘지 · 장제장	상동 주민등록등본 1부	매장, 화장용	● 선산인 경우 불필요
읍 · 면 · 동사무소	● 고인 주민등록증 ● 신고자 도장 (호주 승계자)	호적 정리용	● 사망증명서류 사망진단서 또는 시체검안서 · 검시필증 · 사망증명서 ● 1개월 이내 신고
국민건강보험공단	● 사망증명서류 1부 사망진단서, 시체검안서	장제비 청구용	필요시 추가 발급 요망
기타 보험회사	● 사망증명서류 1부 사망진단서, 시체검안서	보험청구용	필요시 추가 발급 요망

※ 참고사항
● 사망진단서는 장례식장으로 오기 전에 입원한 병동의 담당의사에게 미리 신청하십시오.
● 사고사인 경우와 병원에서 받은 사망 진단서에(외인사, 기타 및 불상)라고 되어 있는 경우 반드시 거주지나 사고 발생 지역 관할 경찰서에 신고한 후 경찰의 지시에 따르십시오(검찰지휘서 첨부 → 검시필증).

[별지 제1호 서식]

| 제　　호 | | 시체 ☐ 매장 ☐ 화장 신고서 | | | 처리기간 |

사망자	성　　명		주민등록번호	－
	주　　소			
	사망장소		사 망 사 유 사 망 연 월 일	．　　．　　．
	매장 또는 화장장소		분 묘 설 치 연　 월　 일	．　　．　　．

신고인	성　　명		주민등록 번　　호	－	사망자와의 관　　계	
	주　　소		전 화 번 호			

※ ☐에 ∨를 기재하시기 바랍니다.

장사 등에 관한 법률 제8조 및 동법시행규칙 제2조의 규정에 의하여 매장(화장) 신고합니다.

신청인 :　　　　　　　(서명 또는 인)

　　　귀하

※구비서류
　의료법시행규칙 별지 제7호 서식의 사망진단서(시체검안서) 또는 읍·면·동장의 확인서(화장신고의 경우에 한합니다.)

| 제　　호 | | 시체 ☐ 매장 ☐ 화장 신고필증 | | | |

※ ☐에 ∨를 기재하시기 바랍니다.

사망자	성　　명		주민등록번호	－		
	주　　소		사 망 사 유 사 망 연 월 일	．　　．　　．		
신고인	성　　명		주민등록 번　　호	－	사망자와의 관　　계	
	주　　소		전 화 번 호			

장사 등에 관한 법률 제17조 및 동법시행규칙 제2조의 규정에 의하여 위와 같이 매장(화장)신고를 하였으므로 이에 신고필증을 교부합니다.

시·도지사·시장·군수·구청장　　[인]

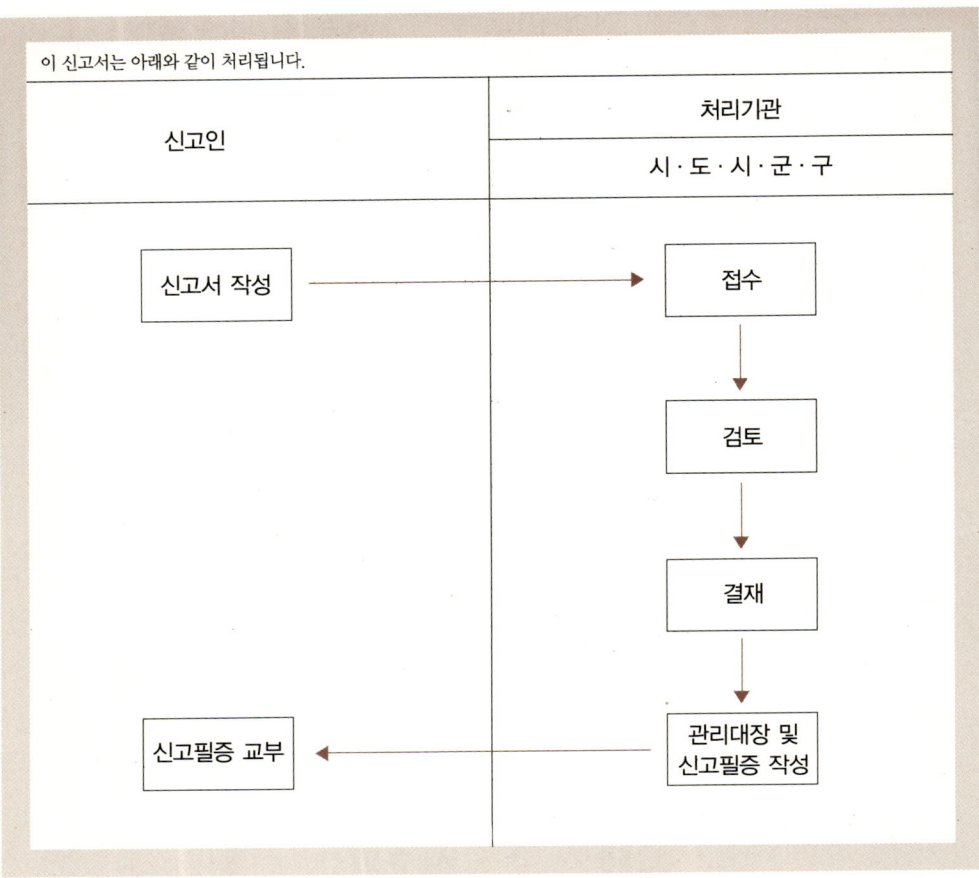

이 신고서는 아래와 같이 처리됩니다.

신고인	처리기관
	시·도·시·군·구

신고서 작성 → 접수 → 검토 → 결재 → 관리대장 및 신고필증 작성 → 신고필증 교부

제 호		**개장**	☐ 신고서 ☐ 허가신청서		처리기간
※ ☐ 에 V를 기재하시기 바랍니다.					개장신고 : 즉시 개장허가 : 3일

		성 명		주민등록번호	–	사망연월일	. . .
사 망 자		묘지 또는 납골된 장소			매 장 또 는 납 골 연 월 일		
		개 장 장 소			개 장 방 법 (화장 또는 매장 여부)		
		개장의 사유			매장(납골)기간		
신 고 인	허가 신청 인	성 명		주민등록번호	–	사망자와의 관 계	
		주 소			전 화 번 호		

장사등에 관한법률 제8조·제23조 및 동법시행규칙 제2조·제14조의 규정에 의하여 개장신고(허가신청)합니다.

년 . 월 . 일 .

신고인(신청인) :   (서명 또는 인)

　　귀하

※구비서류
  1. 개장신고인 경우
    가. 기존 분묘의 사진
    나. 서면통보문 또는 신문공고문(설치기간이 종료된 분묘와 타인의 토지 등에 설치된 분묘의 경우에 한합니다.)

  2. 개장허가의 경우
    가. 기존 분묘의 사진
    나. 분묘의 연고자를 알지 못하는 사유
    다. 신청인 소유토지임을 증명하는 서류
    라. 부동산등기법 등 관계법령에 의하여 해당 토지 등의 사용에 관하여 당해 분묘연고자의 권리가 없음을 증명
        하는 서류

제 　　　 호 　　　　　　　 **개장** ☐ 신고필증
　　　　　　　　　　　　　　　　　　 ☐ 허가증

※ ☐ 에 ∨를 기재하시기 바랍니다.

사망자	성 　 명		사망연월일	. 　 . 　 .
	묘지 또는 납골된 장소		매 장 또 는 납 골 연 월 일	
	개 장 장 소		개 장 방 법	
사태	성 　　 명	주민등록번호	－	사망자와의 관 　 계
	주 　　 소		전 화 번 호	

장사등에 관한법률 제8조 · 제23조 및 동법시행규칙 제2조 · 제14조의 규정에 의하여 위와 같이 개장신고(허가)를 하였으므로 이에 신고필(허가)증을 교부합니다.

　　　　　　　　　　　　　　　　 년 　　　　 월 　　　　 일

　　　　　　　　 시 · 도지사 · 시장 · 군수 · 구청장 　　 ⑨

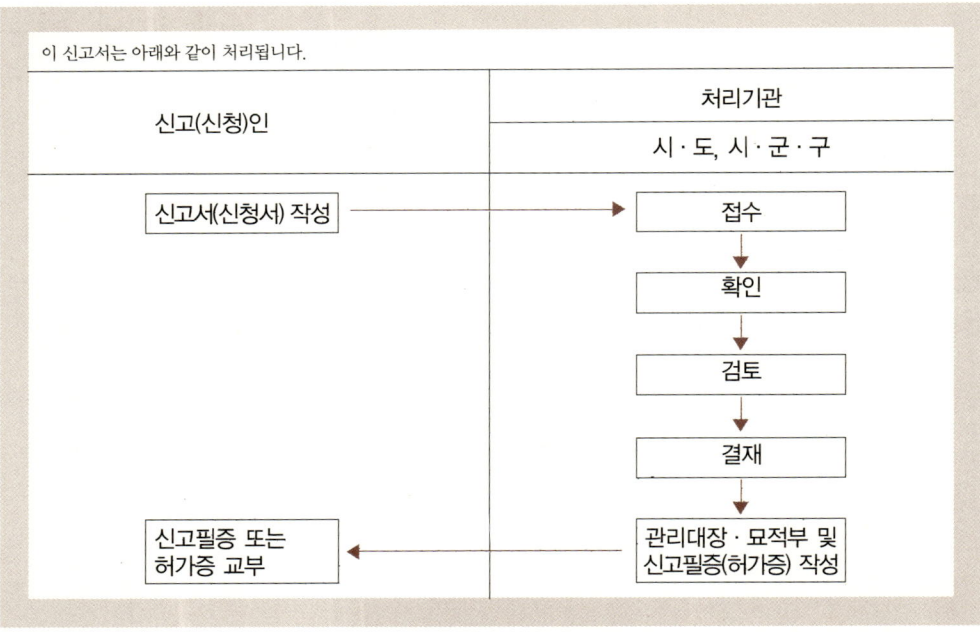

이 신고서는 아래와 같이 처리됩니다.

신고(신청)인	처리기관 시 · 도, 시 · 군 · 구
신고서(신청서) 작성 →	접수
	↓
	확인
	↓
	검토
	↓
	결재
	↓
신고필증 또는 허가증 교부 ←	관리대장 · 묘적부 및 신고필증(허가증) 작성

전국 화장장 현황

연번	자치단체 (주관 부서)		화장장		
		명칭	주소	전화 번호	
1	서울특별시 (노인복지과)	시설관리공단 장묘사업소	고양시 덕양구 대자동 산 178-1	02)356-9050 031)962-4346	
2	부산 (사회복지과)	시설관리공단 영락공원	금정구 두구동 1494-1	051)508-9000	
3	광	대구 (복지정책과)	시설관리공단 장묘사업소	수성구 고모동 산 113-3	053)743-5396
4	역	인천 (사회복지과)	장묘관리사무소	부평구 부평2동 산 57-1	032)522-4897
5	시	광주 (사회복지과)	도시공사 영락공원관리사업소	북구 효령동 100-2	062)572-4384
6	(6)	대전 (여성정책과)	시설관리공단 장묘관리사무소	서구 정림동 산 2-3	042)584-2141
7		울산 (사회복지과)	울산공설화장장	동구 화정동 산 160-6	052)251-7312
8	경	수원시 (사회복지과)	연화장	영통구 하동 25	031)217-1558
9	기 (2)	성남시 (위생과)	영생사업소	중원구 갈현동 112	031)754-2268
10		춘천시 (사회과)	춘천화장장	동내면 학곡리 산 6-3	033)261-7314
11	강	원주시 (사회과)	원주화장장	태장동 산 125	033)742-3584
12	원	동해시 (사회과)	동해화장장	신흥동 산 48	033)522-1451
13	도	태백시 (가정복지과)	태백화장장	문곡동 산 29	033)550-2842
14	(6)	속초시 (가정복지과)	속초화장장	노학동 산 155	033)635-7028 033)635-0339
15		정선군 (복지과)	정선화장장	사북읍 사북1리 247	033)592-2847

연번	자치단체 (주관 부서)		화장장		
			명칭	주소	전화번호
16	충북 (2)	충주시 (가정복지과)	충주시화장장	안림동 산 57-38	043)850-5877
17		제천시 (사회과)	제천시립화장장	송학면 포전리 594	043)644-6613
18	충남 (1)	홍성군 (사회복지과)	홍성화장장	금마면 붕서리 산 120	041)633-7780
19	전 북 (4)	전주시 (사회복지과)	공설화장장	완산구 효자동3가 170-1	063)222-9377
20		군산시 (사회복지과)	숭천원	임피면 보석리 산 19	063)453-4055
21		익산시 (가정복지과)	정수원	석왕동 산 83-1	063)832-2145
22		남원시 (복지행정과)	화장장	광치동 690-1	063)620-6357
23	전 남 (5)	목포시 (사회복지과)	화장장	옥암동 산 36-3	061)279-6331
24		여수시 (여성정책과)	공설화장장	소라면 봉두리 산 190	061)685-4269
25		순천시 (사회복지과)	화장장	야흥동 270-2	061)749-3345
26		고흥군 (복지계)	국립소록도병원 화장장	도양읍 소록도 2	061)840-0551
27		광양시 (사회복지과)	(재)영세공원	광양읍 죽림리 산 61	061)762-4449
28	경 북	포항시 (사회복지과)	우현 시립화장장	북구 우현동 산 67-1	054)245-6710
29		구룡포 (사회복지과)	시립화장장	남구 구룡포읍 구룡포리 804-1	054)276-2460
30		경주시 (사회복지과)	시립화장장	동천동 산 7-4	054)742-1411
31		김천시 (가정복지과)	공설화장장	신음동 352-1	054)430-1300

연번	자치단체 (주관 부서)		화장장		
			명칭	주소	전화번호
32	경 북 (10)	안동시 (사회과)	화장장	명륜동 333	054)858-1348
33		영주시 (사회복지과)	시립화장장	주천2동 470	054)633-9473
34		상주시 (사회복지과)	승천원	남성동 140-3	054)530-6393
35		문경시 (사회복지과)	화장장	문정동 220	054)550-6507
36		의성군 (사회복지계)	공설화장장	의성읍 후죽리 468	054)833-1103
37		울릉군 (사회복지계)	화장장	울릉읍 도동리 380	054)791-1888
38	경 남 (7)	마산시 (사회복지과)	마산시화장장	합포구 진동면 인극리 산 72	055)271-3119
39		진주시 (사회복지과)	진주시화장장	장재동 245	055)759-3672
40		진해시 (사회복지과)	진해시화장장	장천동 48-8	055)544-4850
41		통영시 (사회복지과)	통영시화장장	정량동 51-2	055)645-4133
42		사천시 (사회복지과)	사천시화장장	실안동 산 84	055)834-3001
43		밀양시 (사회복지과)	밀양시화장장	교동 476-2	055)354-7333
44		고성군 (사회복지과)	고성군화장장	상리면 자운리 산 85	055)670-2629
45	제주(1)	제주시	공설화장장	영평동 2226	064)702-3901

※ 전화번호는 바뀔 수 있음.

전국 공설 봉안당(추모의 집) 현황

연번	지역		명칭	전화번호
1	서울특별시(5개소)		벽제리 추모의 집	031-960-0236
2			제1추모의 집(봉안당)	031-960-0236
3			왕릉식 추모의 집	031-943-1930
4			옥외벽식 추모의 집	031-943-1930
5			제2추모의 집(용미리)	031-943-3937
6	광 역 시	부산(3개소)	영락공원	051-508-9000
7			1 영락원	051-508-9000
8			2 영락원	051-508-9000
9		대구(1개소)	공설납골당	053-312-1755
10		인천(2개소)	시립공설납골당	032-522-4897
11			월곶리납골당	032-934-0002
12		광주(1개소)	광주영락공원납골당	062-572-4384~6
13		대전(1개소)	시설관리공단납골당	042-583-4708
14	경기(2개소)		성남시납골당	031-754-2268
15			수원시연화장	031-217-1558
16	강원(5개소)		춘천납골당	033-261-7314
17			원주납골당	033-742-3584
18			속초납골당	033-635-7023
19			삼척납골당	033-574-7912
20			정선납골당	033-592-2478
21	충북(4개소)		목련공원(청주시)	043-220-6805
22			제천시립납골당	043-644-6613
23			청원군공설묘지내납골당	043-251-3560
24			청원군시범납골당	043-297-5088
25	충남(14개소)		천안시립납골당	041-550-2448
26			보령시공설납골당	041-933-5671
27			서산시공설납골당	041-660-2719
28			영명각(논산시)	041-730-1341
29			계룡정명각	042-840-2342
30			금산군공설납골당	041-752-8503
31			연기군공설납골당	041-861-2341

연번	지역	명칭	전화번호
32		서천군공설납골당	041-955-4440
33		홍성군공설납골당	041-633-7780
34		청양군공설납골당	041-940-2341
35		예산군공설납골당	041-330-2277
36		태안군영묘전	041-670-2311
37		예산영안각	041-231-2681
38		당진군공설납골당	041-350-3345
39	전북(4개소)	전주시공설납골당	063-223-9377
40		군산시공설납골당	063-453-4055
41		영생원(익산시)	063-832-2145
42		남원시공설납골당	063-620-6357
43	전남(5개소)	목포시납골당	061-270-8418
44		여수시립납골당	061-685-4269
45		순천시납골당	061-749-3345
46		국립소록도병원납골당	061-840-0551
47		광양시공설납골당	061-762-7502
48	경북(3개소)	경주시공설납골당	054-761-3810
49		안동시공설납골당	054-822-8870
50		구미시공설숭조당	054-481-0572
51	경남(6개소)	진주시공설납골당	055-759-3672
52		통영시공설납골당	055-645-4133
53		고성군공설납골당	055-670-2629
54		남해군공설납골당	055-860-3317
55		진해시공설납골당	055-547-7023
56		산청군공설납골당	055-973-2491
57	제주(3개소)	제주시공설납골당	064-746-9512
58		대정읍납골당	064-730-1613
59		표선면납골당	064-730-1605

04 봉안당의 필요성

조상의 음덕(蔭德)을 통해 후손의 발복을 기원하는 우리의 전통 장사 방법은 매장이었다. 그러나 산업화된 현대사회에서는 변화와 환경에 걸맞는 신(新) 장례 문화가 요구된다.

매년 여의도의 면적 만큼씩 늘어나는 묘지로 인해 국토의 약 1%가 이미 묘지로 잠식되었고 이대로 묘지가 늘어나면 수 년 내에 묘지 공급의 한계가 닥침은 물론 국토개발에도 심각한 장애 요인이 예측된다. 전국 방방곡곡에 난립된 묘지로 인해 도로개통에도 방해가 되기도 하고 명문가풍(名門家風)을 세우려는 몰지각한 일부 고위층의 불법 호화 분묘들은 계층 간의 위화감과 양극화 현상까지 조장하고 있다.

함부로 벌목을 하여 수목이 없는 묘지는 여름철 집중호우 시에 산사태와 홍수범람의 원인이 되기도 하고 수천 기의 묘지가 유실되기도 한다. 국토 활용의 비효율성과 환경 파괴의 요인인 분묘들은 후손들의 무관심과 관리소홀로 벌초를 하지 않아 황폐화되고 떼가 벗겨진 채 동절기를 거쳐 붕괴되기도 한다. 친족 간의 개인주의와 상호 부조의식의 결여로 방치된 무연고 묘지는 이미 800만 기(총 2,000만 기의 40%)에 달하고 있다.

아마도 이장을 경험하신 분들은 파묘 때 심하게 훼손된 시신을 보고 충격이 컸을 것이다. 수렴(水廉:물이 고인 광중)이나 화렴(火廉:새까맣게 그을린 시신), 충렴(蟲廉:들쥐·뱀·벌레 등이 있는 광중), 목렴(木廉:시신에 파고든 나무 뿌리), 풍렴(風廉:뼈가 힘없이 푸석거리는 것) 등으로 인해 고인이 편히 쉬지 못하는 경우가 허다하다. 특히 부토의 묘소가 더 심하다.

음덕을 망각하고 기껏해야 조상의 묘지 찾기를 일 년에 한두 번, 벌초가 전부인 자손들일 바엔 차라리 장례 때 매장보다 화장을 했어야 할 일이다.

따라서 편안해야 할 시신이 자칫 엉망이 될 수 있는 매장보다는 깨끗하고 경제적이며 관리도 편리한 화장 장묘 문화가 요구된다. 화장에 의한 후처리는 일반적으로 봉안당·봉안묘(탑)·산골(散骨:지정한 곳에 뿌림)·수목장(樹木葬:나무 밑에 묻음)·자연장

(自然葬:수목장과 같이 50cm 깊이로 파서 분골과 흙을 섞어 되메움) 등의 장사 방법이 있으나 유족의 여건에 따라 행하되 보통 봉안당이나 봉안묘(탑) 등이 많이 이용되고 있다.

봉안당의 경우 1기당 소요비용은 개인 매장 묘지의 법정 기준면적 30㎡(9평) 조성비용의 10~20%에 불과하고 매장묘지와 봉안당의 중간 형태인 봉안묘의 경우는 규모와 디자인에 따라 초기 비용은 다소 많이 들지만 가족단위로 16위 이상을 모시면 오히려 매장 묘지에 비해 1위당 소요비용은 적게 든다. 문제는 경제성·친환경성·접근성·풍수성·신뢰와 안정성 등을 고려하여 신중히 선택하여 결정할 일이다. 한 번 시행한 일은 돌이킬 수 없기 때문이다. 경제성과 관리의 편리성을 볼 때 매장 묘지에 비해 봉안당과 봉안묘가 선진적 장묘 문화로 단연 앞선다.

산골과 수목장의 경우는 환경친화성과 경제성은 있으나 아직 우리네 여건과 정서에 부합되지 않는다는 분들도 있다. 간혹 산골 후에 후회하는 분들도 더러 있기도 하다. 한편 수목장지 조성의 경우 자칫 자연훼손의 우려도 없지 않다.

개정된 장사법(葬事法)에는 분묘의 설치 기간(최장 60년)을 제한하여 설치 종료된 분묘는 화장을 하도록 하고 무연고 묘는 강제 파기토록 했다. 물론 묘지의 연고자가 이행하지 않을 때는 이행강제금을 부과한다.

장례 때 매장을 했다가 후일 이장 또는 봉안을 할 경우 경제적인 부담과 번거로움은 더 말할 나위도 없다. 따라서 최근 70%를 넘어선 부산시의 화장률과 봉안의 장묘 문화는 시대의 대세(大勢)에 거스를 수 없는 현황(現況)이 되었다. 하지만 장묘 방법의 선택은 개별 사정에 따라야 할 것이다.

05 봉안묘의 장점

- **봉안당의 정의** : "봉안"이라 함은 유골을 봉안시설에 안치(매장 제외)하는 것을 말하며 "봉안당"이라 함은 봉안시설 중 건축법 규정에 의한 건축물인 봉안시설을

말한다.

- **봉안묘의 정의** : "봉안묘"라 함은 분묘 그 밖의 형태로 된 것으로 봉안당이나 봉안탑 외의 봉안시설을 말하며 "봉안탑"이란 탑의 형태로 된 봉안시설을 말한다.

봉안당의 요건은 문이 있는 건축물의 일정 공간에 유골을 모시는 것으로서 대개 벽면에 선반을 설치하여 보관함 형태로 모시는 방법이다. 사찰에서 부도탑 또는 다보탑 형태로 이용되는 봉안묘도 열고 닫는 문 또는 막아 두는 문의 형태를 갖추고 일정공간에 유골을 모셨으므로 엄밀히 말해 봉안당이라 할 수 있다. 보통 봉안묘도 봉분 형태로 잔디가 심어졌으므로 얼핏 봉안묘라고 보지만 유골이 땅 속에 묻히지 않고 공간에 보관되면서 막아 놓는 문이 있으니까 봉안당이라 할 수 있다. 실제로 문중 봉안묘의 경우도 건축물 형태를 갖춘 봉안당인 경우도 있다. 요컨대 고인은 땅에 묻히는 것이 자연회귀(回歸)의 이치이다.

원래 "묘"라 함은 시신 또는 유골을 땅 속에 묻는 형태이다. 누구나 죽어서 한 줌의 흙이 되는 것이 자연의 순리이다. 영면(永眠)할 땅, 흙에 묻어 주는 후손이 있기만 해도 다행이다. 봉안당이건 봉안묘이건 혹은 산골이건 언젠가는 흙으로 돌아갈 테니까. 다만 조상(祖上)의 신위(神位)들이 한 장소에 있어 후손들이 쉽게 모여 추모하고 화합할 수 있으면 더 말할 나위가 없겠다. 집중호우 시에도 끄떡없이 견고하며 안전하고 게다가 청결하고 아름답기까지한 가족봉안묘가 조성된다면 친족 간의 화합은 물론 대대로 봉안될 곳이 마련되어 있어서 이미 돌아가신 분이나 살아 계신 분 모두 마음이 편안해질 것이다. 가족 봉안묘는 초기에 다소 비용이 많이 들지만 한 번 마련해 놓으면 몇 대에 걸쳐 많은 분들을 봉안할 수 있어서 돌아가신 분마다 막대한 소요비용을 절감할 수 있다. 뿐만 아니라 갑작스런 장례에도 당황하지 않고 차분하고 여유롭게 경건한 장례를 치를 수 있다. 사실 16위 이상 모시는 가족봉안묘는 매장묘보다 1위당 비용이 상당히 저렴하다. 앞으로는 이미 사용 중인 묘소를 가족봉안묘 또는 자연장 형태로 개량하는 방안이 적극 권장되어야 할 것이다.

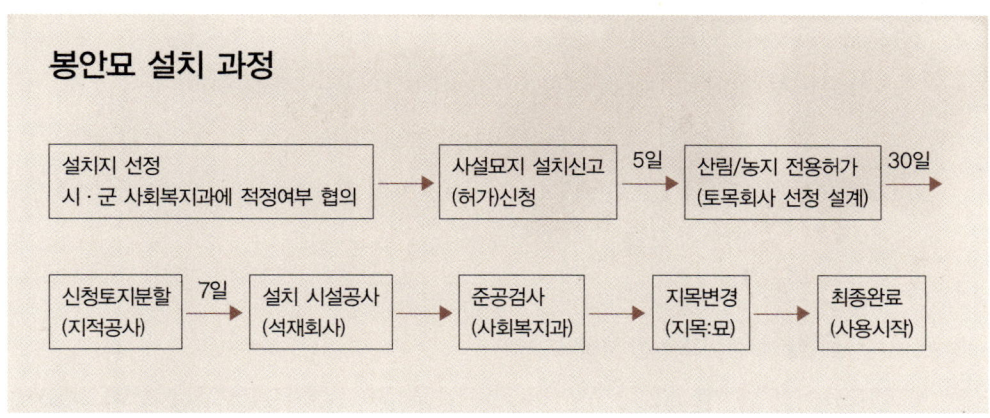

봉안묘 설치 과정

```
설치지 선정              사설묘지 설치신고    5일   산림/농지 전용허가    30일
시·군 사회복지과에 적정여부 협의  →  (허가)신청         →    (토목회사 선정 설계)  →

신청토지분할    7일   설치 시설공사    준공검사        지목변경      최종완료
(지적공사)      →   (석재회사)   →  (사회복지과)  →  (지목:묘)  →  (사용시작)
```

06 개정 묘지 제도 요약(장사 등에 관한 법률 2001. 1. 13 시행)

묘지 면적 제한	● 개인묘지 : 80㎡(24평) → 30㎡(9평)으로 축소 ● 집단묘지 : 30㎡(9평) → 10㎡(3평)으로 축소
시한부 매장제	● 분묘 기본 설치기간 : 15년, 단 15년씩 연장신청 3회 한 최장 60년 제한 기간 이후 1년 이내 분묘철거, 화장 또는 봉안 의무화
이행강제금 부과	● 판례의 분묘기지권 배제, 위 의무사항 위반 연고자 및 불법 묘지 설치자 이행시까지 매년 2회씩 500만 원의 이행강제금 반복 부과
무연고 분묘 봉안화	● 무연고 분묘로 판명시 화장 후 일정기간 봉안화
봉안당 조성 의무화	● 사설화장장, 봉안당 설치 허가제 → 신고제로 변경 ● 지방자치단체는 봉안시설 조성 의무화

1. 개인묘지 – 사후 신고(시·군·구·읍·면·동사무소)

● 기준 : 면적 30㎡(9평) 이내, 비석 1개(높이 2m 이내), 상석 1개, 기타 석물 1개 또는 1쌍(높이 2m 이내)

● 처리 : 묘지 설치 가능지역에 시설 기준대로 설치 후, 30일 이내에 매장지 관할에 신고

2. 가족묘지, 종중(문중)-사전 허가

● 기준-가족묘지 : 면적 100㎡(30평) 이내, 비석 1개(높이 2m 이내), 상석 1개, 기
타 석물 1개 또는 1쌍(높이 2m) 이내

-종중묘지 : 면적 1,000㎡(300평) 이내, 비석 1개(높이 2m 이내), 상석 1개,
기타 석물 1개 또는 1쌍(높이 2m) 이내

3. 사설 봉안시설-사전신고(시청 사회복지과)

시설별	설치 주체별	설치 면적	비고
사설봉안당	가족, 종중 봉안당	100㎡(30평) 이내	500위 이상 설치 가능
	종교단체 봉안당	제한없음	폭 5m 이상 진입로와 주차장 마련, 가격표 게시
	재단법인 봉안당	제한없음	도로 등 기반 편의시설, 주차장 마련
사설봉안묘(탑)	개인봉안묘(탑)	1개소:10㎡(3평) 이내	
	가족봉안묘	1개소:30㎡(9평) 이내	진입로와 주차장 시설 마련
	종중봉안묘	1개소:100㎡(30평) 이내	500위 이상 설치가능, 잔여 면적 녹화
	종교단체 봉안묘	1개소:500㎡(151평) 이내	녹지공간 20/100 이상 확보, 주차장, 가격표 게시
	재단법인 봉안묘	면적 제한없음, 유골 500위 이상 안치, 녹지공간 20/100 이상 확보, 폭 5m 이상 진입도로, 주차장 마련	

07 청결 유골(봉안)함 및 사리(舍利) 만들기

최근 문중 납골(봉안)당의 유골함이 부패되는 사례가 늘고 있어 문중의 골칫거리
가 되고 있다. 흔히 봉안당이나 봉안묘에 화장한 유골을 봉안할 때 아무 생각없이
유골함에 넣어 안치하는 예가 많다. 유골을 아무리 비싸고 좋은 봉안용기(容器)에 담
아도 용기의 뚜껑이 밀폐가 되지 않는 한 부패를 염려하지 않을 수 없다. 유골 봉안
함의 완벽한 밀폐가 불가하다면 유골이 부패되지 않는 어떤 방안이 필요한 것이다.

이러한 조치없이 그냥 유골(분)을 함(函)에 넣어 장기간 안치하게 되면 유골의 부패를 결코 피하기 어렵다. 온도의 변화에 따른 자연 발생적 결로(結露) 현상인 습기를 피할 수 없게 하고 그에 따른 세균 번식 및 해충발생이 유골의 부패원인이 되는 것이다. 심지어 고인의 소중한 유골(분)이 부패하여 악취까지 풍기는 경우도 있다. 따라서 항온·항습·항균이 가능한 이중 밀폐형 진공 유골봉안함이 요구되는 것이다.

때마침 고인의 유골을 청결하게 영구 보존할 수 있는 부패방지 진공 봉안함이 최근에 개발되었다. 뿐만 아니라 유골을 청결하게 사리(舍利)로 만들어 고인의 영(靈)을 옥(玉)의 형태로 소중히 모시는 첨단 기술도 개발되었다.

고인의 유골을 용융(鎔融)하여 구슬처럼 아름다운 사리로 만들게 되면, 첫째, 근본적으로 부패 소지가 없어 영구히 보존할 수 있고 둘째, 언제든지 고인(유골)을 눈으로 직접 확인할 수 있으며 셋째, 보석처럼 영롱한 결정체이므로 혐오스럽지 않아 장소에 구애받지 않고 봉안시설 또는 가정에서도 보관이 가능하다. 넷째, 사랑하는 고인의 유골을 자그마한 예쁜 상자나 크리스털 병에 넣어 유족 형제 간에 각자 가정에서 보관해도 좋으며 해외 이민시에도 이동이 용이하다.

사리 제조의 대상으로는 우선 고인의 화장 절차가 끝나는 당일이나 삼우제 기간 중에 봉안당에서 인도하여 사리로 제조할 수 있기도 하고, 개장(改葬) 또는 기존 봉안당에 장기 보관 중인 유골 및 수목장(樹木葬)을 하시는 분들에게도 권할 만하다. 고인의 유언에 따라 유골 중 일부는 산골하고 일부 유골은 사리로 모실 수도 있다. 사랑하는 가족의 유골이라면 혐오스러울 것도 없고 가정에 안치하는 것도 좋은 방법일 수 있다.

뿐만 아니라 떠난 사람의 소중한 사랑을 간직하고 싶다면 '추모 목걸이'나 '추모 팔찌' 등의 다양한 장식품(액세서리)을 만들어 몸에 지닐 수도 있다. 죽음을 '형체의 변화'로 본다면 삶과 죽음의 공간을 굳이 달리해야 할 이유가 없는 것이다.

특히 불교 신도들은 유골을 옥(玉)처럼 영롱한 사리로 만들어 가정이나 사찰 봉안당 또는 사리부도탑 형태의 봉안시설에 청결하게 봉안할 수 있다.

또한 문중 사당이나 문중 봉안당의 경우에도 깨끗이 처리된 사리유골을 별도의 온도 · 습도조절 관리시설 없이 소중히 모실 수 있다. 사후(死後)에 고인의 유골이 깨끗이 보존되는 것도 Well dying– '아름다운 죽음'이 되리라. 단, 수도권에서 개장을 위한 개장유골 전용 화장로가 전무한 것은 문제이기도 하다.

08 산골(散骨) · 자연장(自然葬) · 수목장(樹木葬)

산골이란 고인의 유골(분)을 산 · 강 · 바다 또는 지정된 장소 등에 뿌려 장사지내는 것으로 화장 후처리 장례 방법 중의 하나이다. 서울시에서는 이미 산골제도를 도입하여 용미리 묘지 내에 '추모의 숲' 산골공원을 조성하여 시민에게 제공하고 있으며 타 지역 주민의 경우에도 서울시립승화원(벽제화장장)에서 화장한 경우에 한해 이용할 수 있다.

유족은 '추모의 숲'의 지정된 장소에 산골 또는 개별 안장(安葬) 후 그곳 중앙광장에 설치된 추모비 및 헌화대에서 고인의 추모의식을 갖는다. 안장형 개별 산골은 서울 · 고양 · 파주 시민에 한하고 고인 1위당 깊이 50cm로 땅을 파서 유골분을 토사와 혼합하여 묻고 잔디를 원래 상태로 덮는다. 이와 같은 자연장 또는 평장 형태의 납골장묘는 문중 또는 기존 묘지의 자투리 공간을 적극 활용토록 권장해야 한다.

수목장의 경우에는 보존성과 명당 풍수성을 감안하여 고인의 안식처를 마련함이 좋을 것이다. 다만 아직까지 합법적인 수목장지가 없다는 것이 문제이기도 하다.

안장형 산골이나 자연장 · 수목장의 경우, 비석이나 상석을 설치할 수 없으며 고인의 신분과 유족의 성명 등을 기재한 간단한 표지(가로 10cm×세로 7cm)만 1.5m 높이의 나무에 설치할 수 있을 뿐 개인표지는 금하고 있다(단, 자연장 공동표지의 경우 석재로 설치 가능).

근래에는 기독교계 교회에서 '추모비(追慕碑)' 형태의 장례방식을 확산시키고 있다. 이 산골 장례는 추모비 앞에 고인의 영정과 유골을 모셔 놓고 마지막 예배를 드런 다음 주변의 바닥 돌 위에 유골분과 물을 골고루 뿌린다.

최근 서울 강남중앙침례교회는 경기도 양평군 양서면에 추모동산을 개원하여 추모비장(葬) 시연회를 가졌다. 추모비 형태의 산골묘지는 서울 소망교회가 원조이다. 소망교회는 1995년 경기도 광주 곤지암의 소망수양관 내에 '소망교회 성도의 묘'라는 추모

강남중앙침례교회가 20일 오후 경기도 양평군 양서면 양수리 갑산공원 내 친환경적 기독 장묘 문화와 모범이 될 '마므레 동산'을 개원하고 장례 시연을 하고 있다(2006. 7. 21 국민일보 22면).

비를 건립했다. 이 교회 외에도 서울 신양교회와 대구 동일교회 등 5~6개의 교회들이 추모비를 건립했다. 추모비장은 성도들이 함께 묻힌다는 심리적·영적인 효과를 준다.

09 웰 다잉을 위한 생전 선언서

품위있는 죽음 –

누구나 사람은 아름답고 편안하게 죽기를 바란다. 그러나 대부분은 아무런 대책 없이 죽음을 맞이한다. 죽음에 한해서만은 때로는 자신도 어쩔 수 없는 비참한 국면에 맞닥뜨리게 된다. 불의의 사고를 비롯해서 예상치 못했던 질병 등으로 인해 본의 아닌 아름답지 못한 죽음을 맞이하는 경우가 비일비재하다.

의식불명의 환자가 스스로 인지하지 못한다 할지라도 인위적인 생명연장은 고통의 연장일 수 있다. 소생되어도 정상적인 삶을 영위할 수 없는 상태라면 인간적인 삶이라고 볼 수 없기에 환자 개인의 프라이버시를 존중하는 입장에서도 아름다운 죽음의 자기결정권 및 선택권은 수용되어야 할 것이다.

누구에게나 다가오는 삶과 죽음의 분기점(分岐點)에서, 의식없는 당사자가 직접 선택할 겨를이 없는 상황에서, 사전에 스스로 정신이 있을 때 죽음의 선택권을 선언해 두는 것도 고려해야 할 일이다.

살아 있는 시체에 불과한 뇌사상태에서 무의미한 연명치료를 위한 인공소생술 등은 인간이 존엄하게 죽을 권리에 반(反)하므로 중단됨이 가할 것이며 환자의 생전 선언(서)이 있다면 '안락사'의 요청을 실행함이 옳을 것이다.

법률적 해석 이전에 인간 의지의 존엄성이 우선되어야 할 것이다.

따라서 환자의 선언에 의한 조치자는 법률적 해석과 무관하게 환자의 인격에 부합되는 행위이므로 오히려 환자로부터 감사를 받아야 하리라.

생전 선언서의 내용은 누구나 각자의 뜻대로 작성할 수 있다.

웰 다잉(Well dying)을 위한 생전 선언서

나는 장차 불치병 또는 죽음이 임박한 마지못할 사정에 의해 자율적 의사표시가 불가능한 경우를 대비하여, 보다 빨리 편안하고 조용히 죽기를 바라므로, 나의 가족과 친척, 담당 의사에게 다음과 같이 요청함.

이 선언서를 쓰는 나의 정신상태는 지극히 건전한 상태이며 따라서 여하한 법률적 해석을 거부하며 철회의사나 파기가 있지 않는 한 본인의 희망대로 실행해 주기 바람.

1. 내가 의식이 없거나 회복불능의 질병으로 죽음이 임박한 상태에서 임종지연의 인위적 연명치료를 거부함.
2. 특히 항암 화학 요법 · 혈액투석 · 심장충격 · 수혈 · 산소주입 등 일체의 연명조치를 거부함. 단, 임종 시기가 급속히 닥쳐오더라도 고통 완화조치, 치료중단 및 적극적 안락사는 수락함.
3. 내가 뇌사(식물인간) 상태에서 생명연장을 위한 일체의 조치를 거듭 거부하며 인간다운, 존엄하고 품위있는 죽음을 맞이하기 바람. 특히 연명조치의 비용에 따른 가족의 경제적 타격을 거부함.
4. 안락사 후, 나의 장례 절차는 간소하게, 웰 다잉(아름다운 죽음)이 되도록 가족과 친척에게 일임함. 다만 나의 시신은 평상복을 입혀 소박한 관에 입관하고 유골처리는 본서를 참조하기 바람.

이상 아름다운 죽음을 위한 나의 자율적 선택과 요청에 따른 일체의 행위와 법률적 책임은 전적으로 본인에게 있음을 확인함.

2007년 월 일

성명 : ○○○

10 장례식장과 웰 다잉(Well dying)

누구나 맞이해야 할 죽음 –

인간의 마지막은 아름답지 않으면 안 된다. 마지막이 아름다워야 고인의 삶도 아름다운 것이 되고 보내는 사람도 아름다워진다. 삶의 완성, 삶의 마지막 통과 의례의 중요성은 거듭 강조해도 부족하다.

고인이 떠나는 마지막 길 – 다음 생(生)을 준비하는 마지막 예(禮) – 그 아름다운 장례는 남은 자의 몫이다. Well dying – 아름다운 죽음은 사치와 화려함보다 경건과 엄숙함이다. 애도의 정을 담은 예를 갖추기 위해서는 장례식장의 선정에 신중을 기하지 않을 수 없다.

우선 유족과 조문객의 편의성과 쾌적성을 고려해야 할 것이다. 이는 사전에 미리 준비가 있어야 한다. 그렇다고 지나치게 화려한 예식은 무례(無禮)일 수 있으므로 검소하면서도 품격을 갖추고 경제적으로 무리한 부담이 없는 적정가격의 식장을 선정해야 한다. 또한 장례식이 유족의 돈벌이 장사가 아닌 이상 부조금의 다소(多少)에 마음을 두어서는 안 될 일이다. 돈으로 인해 아름다워야 할 고인의 웰 다잉(아름다운 죽음)에 흠집을 낼까 우려되는 것이다. 부조금보다 진정으로 애도하는 조문에 더 감사해야 한다. 역지사지(易地思之–상대방의 어려운 처지를 바꾸어 생각하는 것)도 미덕(美德)이리라. 따라서 부조금을 내지 못하는 조문객도 기꺼이 맞이해야 한다.

지나친 종교행사로 다른 이용자에게 불쾌감을 주지 않도록 하면서 고인과 유족이 함께 공존할 수 있는 공간, 소중한 고인의 마지막 길을 편안하게 모시고 유족들에게도 작은 위안이 되는 장소, 이런 분위기의 장례식장이라면 고인의 웰 다잉에 부합되리라 여겨진다.

단, 유족의 사정과 형편에 따라 예식 규모나 추모 방법이 다양하게 달라질 수 있다.

장례식장 이용 절차(3일장 기준)

1. 사망 당일

　운　구 ① 외부에서 운명한 경우, 우선 장례식장 이용이 가능한지 전화로 확인.

　　　　 ② 운구차 신청 가능 여부 확인

　안　치 : 유가족이 동행, 안치실의 호실 확인.

　빈소 차림 ① 이용안내 및 상담

　　　　 ② 빈소결정 및 장례 절차 협의

　　　　 ③ 이용계약서 작성

　　　　 ④ 빈소는 유가족과 조문객을 감안하여 선정. 단, 장례식장 사정으로 인해 원하는 빈소를 제공받지 못하는 경우도 있음.

2. 사망 당일, 둘쨋 날

　입관 ① 입관 시간 결정.

　　　 ② 장례용품 준비 : 관·수의·부속물 등을 미리 선정해 입관에 차질이 없도록 준비.

　　　 ● 입관 전에 반드시 사망진단서(병사), 또는 사망을 증명할 수 있는 서류나 시체검안서와 검시필증(사고사)을 제출

　　　 ③ 성복제(입관예배) : 입관의식 후 상복으로 갈아입음(상주 표시).

　　　 ④ 장례비용 중간 정산.

　　　 ⑤ 발인 시간 지정.

3. 사망 셋째 날

　발인 ① 장례비용 최종 정산.

　　　 ② 장의차량 확인.

　　　 ③ 발인제 및 위령제 준비(조리실).

　　　 ④ 운구 : 시신을 인수할 때에 유가족 한 사람이 직원과 이상 유무 확인.

장지 ① 산신제

　　② 하관

　　③ 평토제(하관예배, 하관예절)

　　④ 반혼(귀가 · 초우제)

화장 후 납골처리 :

　　화장장 이용 방법 참조

※ 장례식장과의 논의사항 : 장례일정 및 장례 방법(입관 · 발인 · 묘지 · 화장 등)

　　단기 전화설치 · 제물류 · 식사류 · 안주류 · 반찬류 · 떡류

　　영정사진 · 빈소 차림 · 제단장식 · 장례용품 · 상복

　　부음 · 부고 · 장의차량 등

장례식장 표준약관

표준약관 제00029호

제1조(목적)

이 약관은 장례식장을 운영하는 사업자(이하 '사업자' 라 한다)와 장례식장을 이용하는 유족 등(이하 '이용자' 라 한다) 간의 장례식장의 이용에 관한 제반 계약사항을 규정함을 목적으로 합니다.

제2조(관계법령의 적용)

이 약관에서 규정되지 아니한 사항 또는 이 계약의 해석에 관하여 다툼이 있는 경우에는 사업자와 이용자가 합의하여 결정하되, 합의가 이루어지지 아니한 경우에는 약관의 규제에 관한법률, 민법, 상법 등 관계법령 및 공정타당한 일반관례에 따릅니다.

제3조(용어의 정의)

① '장례식장' 이라 함은 안치실 · 빈소 · 접객실 · 예식실 등 시신을 모시고 조문객의 조문을 받으며 예식을 올리기 위한 일체의 시설을 말합니다.

② '안치' 라 함은 시신의 부패와 세균번식 등을 막기 위하여 시신보관용 냉장시설에 시신을 모시는 것을 말합니다.

③ '염습' 이라 함은 시신을 씻은 다음에 수의를 입히고 염포로 묶는 것을 말합니다.

④ '입관' 이라 함은 시신을 관속으로 모시는 것을 말합니다.

⑤ '빈소' 라 함은 조문객의 조문을 받기 위하여 마련된 장소를 말합니다.

⑥ '접객실' 이라 함은 조문객을 대접하기 위하여 마련된 장소를 말합니다.

⑦ '예식실' 이라 함은 고인에 대한 예식을 올리기 위해 마련된 장소를 말합니다.

⑧ '발인' 이라 함은 이용자가 장사를 치르기 위해서 장례식장에서 관을 가지고 장지로 떠나는 것을 말합니다.

제4조(계약기간)

계약기간은 ( )년 ( )월 ( )일부터 ( )월 ( )일까지로 합니다.

제5조(이용시설)

사업자와 이용자는 다음과 같이 안치실 · 빈소 · 접객실 · 예식실 · 안치일시 · 입관일시 등을 정합니다.

안 치 실	호	안 치 일 시	월 일 시 분
빈 소	호	입 관 일 시	월 일 시 분
접 객 실	호		
예 식 실	호		

제6조(이용료)

① 이용료는 안치실 · 빈소 · 접객실 · 예식실의 이용료 · 염습비 · 예식비 · 청소 및 관리비 등으로 구성합니다.

② 안치실 · 빈소 · 접객살의 이용료는 안치일시를 기준으로 24시간을 1일로 하여 산정합니다. 다만, 24시간에 미달하는 시간은 그 시간이 12시간 이상인 경우에는 1일로 산정하고 12시간 미만인 경우에는 시간단위로 산정하되, 1시간 미만의 시간은 1시간으로 산정합니다.

③ 이용자가 직접 염습을 하는 경우에도 사업자는 염습을 하는데 소요되는 실비(수시비 등)를 청구할 수 있습니다.

④ 이용자는 발인하기 전에 제1항 내지 제3항의 규정에 의한 이용료의 전액을 지급하여야 하며, 이때 사업자는 각 내역에 따른 계산서를 교부하여야 합니다.

제7조(사업자의 의무)

① 사업자는 계약을 체결하는 장소인 사무실 내의 보기 쉬운 곳에 이 약관과 이용료(내역별 금액)를 게시하여야 하며, 이용자의 요구가 있을 때에는 이 약관을 교부하여야 합니다.

② 사업자는 이용자가 장례절차(종교별, 가문별 등)에 따라 엄숙하고도 편리하게 장례를 치를 수 있도록 장례식장을 쾌적하게 유지해야 하고, 적절한 양질의 서비스를 제공하여야 합니다.

③ 사업자 및 그 종업원은 이용자에게 계약에서 정한 이용료 이외의 일체의 금품이나 물품을 요구하지 않으며, 사업자가 제공하는 장례용품의 사용을 강제하지 아니합니다.

제8조(이용자의 의무)

① 이용자는 장례식장의 질서를 유지하기 위한 사업자의 공정타당한 제반 요청 사항을 최대한 준수하도록 노력하여야 합니다.

② 이용자는 장례식장의 이용과 관련하여 타인에게 불편을 주지 않도록 다음의 행위를 하지 말아야 합니다.

1. 장례식장 내에 인화성, 폭발성 등이 있는 위험한 물품을 반입 또는 보관하는 행위

2. 타인의 장례 또는 조문에 방해가 되는 고성방가 · 소란 · 지나친 종교행사 등 불쾌감을 주는 일체의 행위

3. 장례식장의 시설물 · 기구 등을 멸실 · 훼손하는 행위

제9조(계약해지)

① 사업자 또는 이용자는 상대방이 고의 또는 과실로 계약을 위반하는 경우에는 계약을 해지할 수 있습니다.

② 제1항에 의하여 계약이 해지된 경우, 이용자는 시설물 및 기구를 반환하고 그때까지의 기간 동안의 이용료를 사업자에게 지급하여야 하며, 사업자는 이미 이용자에게서 수령한 금액이 있는 때에는 그 기간 동안의 이용료를 공제한 나머지 금액을 이용자에게 반환하여야 합니다. 이때 사업자는 각 내역에 따른 계산서를 교부하여야 합니다.

③ 제1항에 의하여 계약을 해지한 사업자 또는 이용자는 상대방의 고의 · 과실로 인해 손해를 입은 경우에는 제10조의 규정에 의하여 상대방에게 손해배상을 청구할 수 있고, 이때 제2항에 의하여 지급할 이용료나 반환해야 할 금액에서 상대방이 책임져야 할 손해배상액을 공제할 수 있습니다.

제10조(계약위반으로 인한 책임)

사업자 또는 이용자는 고의 또는 과실로 계약을 위반하여 상대방에게 손해를 입힌 경우에는 그 손해를 배상할 책임을 집니다.

제11조(사고로 인한 책임)

사업자는 시설물의 하자, 종업원의 고의 · 과실 등 사업자의 책임있는 사유로 인하여 장례식장 내에서 발생한 사고에 대해서는 그 사고로 인한 손해를 배상할 책임을 집니다.

제12조(휴대물에 대한 책임)

① 사업자는 이용자 또는 조문객이 휴대한 물건(이하 '물건'이라 합니다)을 사업자나 종업원에게 보관을 맡긴 경우에는, 그 물건의 멸실 · 훼손 · 도난 등에 대하여 불가항력으로 인한 것임을 증명하지 아니하면 그 손해를 배상할 책임을 면하지 못합니다.

② 사업자는 이용자 또는 조문객이 보관을 맡기지 아니한 물건이라도 사업자나 종업원의 고의 · 과실로 인하여 멸실 · 훼손 · 도난 등이 된 때에는 그 손해를 배상할 책임을 집니다.

③ 사업자는 이용자 또는 조문객의 물건에 대하여 책임이 없음을 게시한 때에도 제1항과 제2항에 의한 책임을 면하지 못합니다.

④ 화폐, 유가증권 등의 고가물에 대하여는 이용자 또는 조문객이 그 종류와 가액을 명시하여 사업자나 종업원에게 보관을 맡기지 아니한 경우에는, 사업자는 그 멸실·훼손·도난 등에 대하여 손해를 배상할 책임을 지지 아니합니다.

제13조(면책)
사업자는 손해가 천재지변 등 불가항력적인 사유로 인하여 발생한 때에는 배상할 책임을 지지 아니합니다.

제14조(재판관할)
이 계약과 관련된 분쟁에 관한 소는 민사소송법상의 관할법원에 제기하여야 합니다.

장례식장 이용계약서

제   호

장례식장 대표
(이하 "갑"이라 칭함)와 유족대표(이하 "을"이라 칭함)는 다음과 같이 계약을 체결한다.

제1조 (계약기간)
"을"이 "갑"의 장례식장을 이용하는 기간은 200 년 월 일부터 200 년 월 일까지로 한다.

제2조 (이용시설 등)

안 치 실	호	안 치 일 시	월 일 시 분
빈 소	호	입 관 일 시	월 일 시 분
접 객 실	호	발 인 일 시	월 일 시 분
예 식 실	호		

제3조 (이용료 등)
이용료는 안치실·빈소·예식실·접객실의 이용료와 염습비·예식비·청소 및 관리비 등으로 구분한다.
1. 이용료는 24시간 1일, 24시간 미달 12시간 이상일 경우 1일 계산, 12시간 미만인 경우 시간 단위 산정, 1시간 미만은 1시간으로 산정한다.

2. "을"이 직접 염습을 할 경우에도 갑은 이에 소요된 실비를 청구할 수 있다.

제4조 (갑의 의무)

① 표준약관 및 요금표 게시

② 계약 이외의 금품이나 물품을 요구하지 않고 갑의 용품 사용을 강요하지 아니함

③ "을"의 의식을 엄숙, 편리하게 거행토록 양질의 서비스 제공

제5조 (을의 의무)

① "갑"의 장례식장 유지를 위한 공정 타당한 제반요청 사항준수

② 타인에게 불편을 줄 수 있는 다음 행위금지

1) 인화성, 폭발성 등의 위험물품을 반입 또는 사용하는 행위

2) 타인의 의식이나 조문에 방해가 되는 지나친 종교의식 또는 소란행위

3) 시설물이나 기구 등의 멸실 훼손 행위

제6조 (계약해지와 책임)

"갑" 또는 "을"이 상대방의 고의 또는 과실로 계약을 위반시에는 계약을 해지할 수 있으며 이로 인한 손해가 있을 경우 그 배상의 책임을 진다.

제7조 (휴대물에 대한 책임)

① "갑"이 "을" 또는 조문객의 물건을 보관했을 경우 멸실, 훼손, 도난 등에 대하여는 불가항력임을 입증 못하면 그 책임을 진다.

② "갑"은 "을" 또는 조문객의 물건을 보관하지 아니했어도 "갑"의 고의 또는 과실로 멸실, 훼손, 도난 등에 대한 배상책임을 진다.

③ "갑"이 "을" 또는 조문객의 물건에 대하여 책임이 없음을 명시할 때에도 제①항과 제②항에 의한 책임을 진다.

④ 화폐, 유가증권 등의 고가품에 대하여는 "을"이 "갑"에게 보관시키지 아니하고 멸실 · 훼손 · 도난 등이 있을 경우에는 "갑"은 배상할 책임이 없다.

제8조 (요금정산)

"을"은 발인하기 전에 "갑"에게 지불하여야 할 금액을 완불하여야 하며 이때 "갑"은 "을"에게 내역별 계산서를 교부한다.

200 년   월   일

"갑" 주 소 :   전화 :

　　　 업소명 :   대표자명 :

"을" 주소: 전화 :

　　　 고인성명 :

　　　 계약자명 :   고인과의 관계 :

11 유언(遺言)의 효력(效力)

유언이란 고인 생전의 최종적 의사 표시로서 유언의 내용과 방식에 따라 그 효력이 달라진다. 또한 유언자는 언제든지 유언을 철회하거나 유언증서를 파기할 수 있으며 이 경우 유언은 무효이다. 만일 유언 후, 다른 내용의 유언하면 전에 했던 유언은 철회된 것으로 보며 최근 유언이 우선한다.

법률적 효력을 갖지 못하는 유훈(遺訓)으로서 친족 간의 화목(和睦)이나 형제 간의 우애(友愛)를 당부하는 말도 자손들은 존중하여 따라야 하는데, 민법(民法 : 제 1060조)으로 규정한 유언의 5가지 내용을 대략 살펴보면

첫째, 자필(自筆)에 의한 방법이다. 유언자가 생전에 유언의 내용과 날짜 성명을 쓰고 날인(捺印)해야 한다. 만일 삽입·변경·삭제 사항이 있을 때에는 이를 자서하고 날인해야 하며, 타인이 대필하거나 타자(打字)로 작성된 것은 인정받지 못한다.

둘째, 녹음(錄音)에 의한 방법이다. 유언자가 유언의 내용과 이름·녹음 날짜를 밝혀 구술하고, 참여한 증인이 유언의 정확함과 그 성명을 구술해야 한다.

셋째, 공증증서에 의한 방법이다. 증인 2명이 참여한 공증인(公證人)의 면전에서 유언의 내용을 말하고 공증인이 이를 기록(記錄)하고 유언자와 증인은 유언의 내용이 정확함을 승인하고 각각 서명 날인해야 한다.

넷째, 비밀증서에 의한 방법이다. 유언자가 자신의 성명을 적은 유언서를 봉투에 엄봉(嚴封)·날인하고, 2인 이상의 증인에게 제출하여 자기의 유언서임을 표시한 뒤, 그 봉서 표면에 제출 날짜를 기재하고 유언자와 증인이 각자 서명 또는 기명날인하여 5일 내에 공증인이나 법원(法院)의 서기(書記)에게 제출하면 봉인 위에다 제출한 날짜(확정일자 인)를 찍는다.

다섯째, 구수증서(口授證書)에 의한 방법이다. 질병, 기타 급박한 사유로 위의 4가지 방식에 의할 수 없는 경우에, 2인 이상의 증인 참여로 유언자가 유언을 하면 증인 한 사람이 기록하고 낭독하여 정확함을 승인한 뒤, 각자 서명 또는 기명 날인해

야 한다. 이 경우에는 증인이나 이해 관계자가 급박한 사유가 소멸(消滅)된 날로부터 1주일 내에 참여한 증인이나 이해관계가 있는 사람이 법원에 검인 신청(檢印申請)을 해야 한다.

이상 방식 이외의 유언은 법률상의 효력이 없으며, 미성년자나 금치산자(禁治産者) · 한정치산자(限定治産者)와 유언에 의해 이익을 보게 되는 자나 배우자 및 직계 혈족은 유언의 증인이 되지 못한다.

현실적으로 대개 유언에 의한 상속은 많지 않기 때문에 대부분의 재산 분배는 법정상속, 즉 상속법에 의하게 된다.

제2장

현대식 장례
現代式 葬禮

장례란 망자의 영혼을 위로하고 명복을 비는 의식 절차로, 임종(臨終)에서 염습(殮襲)·발인(發靷)·치장(治葬)·우제(虞祭)·소상(小祥)·대상(大祥)·복제(服制)까지의 행사이다.

사람이 죽는다는 것은 일생 동안 희로애락(喜怒哀樂)을 함께 했던 가족·친척·친지들과 영원히 작별하는 슬프고 애절한 일이다. 장례는 이렇듯 슬픈 감정을 질서있게 표현하되 예(禮)는 너무 소홀해서도, 너무 지나쳐도 안 되며 그때의 형편과 사정에 따라 진실된 마음으로 정중하고 경건하게 치러야 한다. 나를 세상에 있게 해 주신 부모와 조상에 대한 효도는 당연한 예이지만 '과공(過恭)은 비례(非禮)'라 하였다.

고인의 영혼을 위로하고 명복을 비는 의식 절차가 장례이지만 전통 장례 의식은 너무 어렵고 복잡한 형식주의와 과다한 비용 부담의 폐단이 많았다.

우리 조상들은 부모 생전이나 사후에도 효성이 지극하였다. 이런 점은 우리 모두 당연히 본받아야 하지만, 이제는 너무 형식에 치우친 전통 장례도 현실 감각에 맞도록 치러져야 할 것이다. 따라서 보다 바른 장례 절차를 알아서 예법에 맞으며 고인의 영혼을 편안하게 모시도록 대비해야 할 것이다.

🔸 현대 일반 장례의 절차도

임종 ⇨ 수시 ⇨ 발상 ⇨ 부고 ⇨ 염습 ⇨ 입관 ⇨ 성복 ⇨ 발인 ⇨

운구 ⇨ 하관 ⇨ 성분 ⇨ 위령제 ⇨ 삼우 ⇨ 탈상
  └─▶ 화장장 ⇨ 납골처리 ─┘

01 〈가정의례준칙(家庭儀禮準則)〉의 장례(葬禮)

● 제7조 장례 제식(葬禮祭式) : 사망 후 매(화)장이 끝날 때까지 위령제와 발인제만을
  행하고 그 밖의 노제와 삼우제 등의 제식은 행하지 않는다.

● 제8조 발인제(發靷祭)

　①항 : 영구가 상가 또는 장례식장을 떠나기 직전에 그 상가 또는 장례식장에
　　　　서 행한다.

　②항 : 영구를 모시고 그 옆에 명정을 세우며, 제상(祭床)에는 사진이나 위패를
　　　　모시고 촛대와 향로, 향합을 준비한다. 식순은 개식, 주상 및 상제들의
　　　　분향, 고인의 약력 소개, 조객 분향, 폐식의 순으로 행한다.

● 제9조 위령제(慰靈祭)

　①항 : 매장할 때 성분(成墳 : 봉분)이 끝난 후 그 묘 앞으로 혼령 자리를 옮겨 간
　　　　소한 제수를 차려 놓고 분향, 잔 올리기, 축문 읽기 및 배례(拜禮)로서 행
　　　　한다.

　②항 : 화장할 때의 위령제는 화장이 끝난 후 혼령 자리(영좌)를 유골함(遺骨函)
　　　　으로 대신하고 ①항에 준하는 절차로 행한다.

● 제10조 장일(葬日) : 부득이한 경우를 제외하고는 사망한 날로부터 3일이 되는
  날로 한다.

● 제11조 상기(喪期)

①항 : 부모와 조부모 및 배우자의 상기는 사망일로부터 1백 일까지로 하고 그 밖의 사람은 장일까지로 한다.

②항 : 상기 중 신위를 모셔 두는 궤연(几筵)은 설치하지 않고 탈상제는 기제(忌祭)에 준하여 행한다.

● 제12조 상복(喪服)

①항 : 상복은 따로 마련하지 않고 한복인 경우에는 백색 또는 흑색, 양복인 경우에는 흑색으로 한다. 다만 부득이한 경우에는 평상복(平常服)을 그냥 입는다. 그리고 상중임을 나타내기 위하여 왼쪽 흉부(胸部)에 상장(喪章) 또는 흰 꽃을 달거나 두건을 쓴다.

②항 : 상복을 입는 기간은 장일까지로 하고 상장을 다는 기간은 탈상까지로 한다.

● 제13조 상제(喪制)

①항 : 사망자의 배우자와 직계 비속(直系卑屬)은 상제가 된다.

②항 : 주상(主喪 : 죽은 사람의 제전을 주관하는 사람)은 사망자의 장자가 되는데, 장자가 없는 경우에는 장손이 주상이 된다.

③항 : 사망자의 자손이 없는 경우에는 최근친자가 장례(葬禮)를 주관한다.

● 제14조 부고(訃告) : 신문에 부고를 게재하는 경우에는 행정기관이나 기업체, 그 밖의 직장이나 단체의 명의를 사용하지 못한다.

● 관(棺) 나르기

①항 : 관 나르기는 영구차 또는 영구 수레로 한다. 다만 부득이한 경우에는 상여로 하되 상여에 너무 호화로운 장식을 해서는 안 된다.

②항 : 관 나르기의 행렬 순서는 사진 · 명정 · 영구 · 상제 및 조객의 순으로 한다.

날짜별 현대 장례 절차

첫째 날	임종–수시–발상–부고
둘쨋 날	염습–입관–성복
셋째 날	발인–운구–하관–성분–위령제 · 반우제 · 초우
	화장–납골처리
장례 후	삼우제 · 49일 · 100일 탈상
	이후 기제사 · 차례 · 묘제 등 다양

※ 종교에 따라 다른 의례를 행하거나 생략하기도 함

장례 절차 기간 비교

날짜 \ 시대	과 거	현 재
첫째 날	초종(수시 · 고복 · 발상 · 전) 부고 · 치관 · 습 · 습전 · 반함	수시 · 발상 · 부고
둘쨋 날	소렴 · 전	염습(습 · 소렴 · 대렴), 성복
셋째 날	대렴 · 영좌 · 명정 · 만장 등 준비	발인, 매장 또는 화장
넷째 날	성복	
다섯째 날	발인 · 치장 · 각종 제 의례 장례 기간 5일~그 이상	
탈 상	소상 · 대상 · 담제 · 길제까지 1~3년	5일 · 49일 · 100일, 소상, 대상 등 다양

02 유언(遺言)과 임종(臨終)

　　환자가 위급한 상태에서는 가족들은 침착하고 조용한 태도로 물어 볼 말이 있으면 환자가 대답하기 쉽도록 간략하게 묻고, 내용의 요지(要旨)를 적거나 녹음해 둔다. 환자가 남기고 싶은 말은 교훈이나 재산 분배에 관한 유언일 것이다.

　　유언은 원래 자필로 써야 하지만 시간적 여유나 기력이 없을 경우에는 가족 등이 지켜보는 가운데 제삼자가 대리로 써도 된다. 녹음을 해 두면 생시의 육성을 들을 수 있으므로 한층 더 뜻이 깊을 것이다.

유언은 이 세상을 영원히 떠나는 사람의 마지막 귀중한 말이므로 자손이나 친지들은 존중하여 따라야 할 것이다(「유언의 효력」 참조).

임종이란 환자가 마지막 숨을 거두는 것을 말한다.

임종은 미리 추측할 수 없는 일이기 때문에 만일에 대비해서 관련자들에게 신속히 연락할 수 있도록 조치를 해 놓아야 한다.

또한 운명(殞命)을 앞둔 사람의 방은 물론 운명 후의 시신을 안치할 방을 정리 정돈한 다음 깨끗한 옷을 준비하여 임종(臨終)이 가까워지면 단정한 모습으로 임종할 수 있도록 갈아입히고 병자의 사지를 주무르며 조용히 운명을 지킨다.

이때에 슬픈 심정을 진정하고 침착해야 한다. 우주 속의 만물은 유한(有限)한 생명이어서 태어나면 반드시 죽게 마련이다. 따라서 마지막 떠나는 사람이 생전의 모든 희로애락(喜怒哀樂)을 잊고 편히 눈을 감을 수 있게 하는 것이 남은 사람들의 의무일 것이다. 임종 때는 남자의 운명은 여자가 지키지 않으며 여자의 임종은 남자가 지키지 않는다. 그러나 자손들은 예외이다.

03 수시(收屍)

사람이 운명하면 친지나 가족들은 당황하고 통곡하게 되는데, 이런 때일수록 침착해야 하고 그전에 미리 초종범절(初終凡節)에 밝은 사람을 택하여 수시를 부탁해 둔다.

먼저 고인의 명복을 빌고 눈을 곱게 감겨 주고, 몸과 팔 다리를 주물러서 반듯하게 정제 수시하여 알코올로 고인의 몸 전체를 깨끗이 씻고, 솜으로 코와 귀를 막는데 이것은 출혈을 방지하기 위함이다.

그런 다음 몸을 반듯하게 손과 팔 다리를 곧게 뻗도록 주물러 다리를 가지런히 모아 발끝이 위로 향하게 하고 두 팔은 나란히 붙여 깨끗한 모습이 되도록 한다.

정제 수시가 끝나면 머리가 북쪽(위쪽)으로 향하게 하여 시상 위에 안치하고 깨끗한 백포로 얼굴을 씌운 다음 홑이불로 머리에서 발끝까지 덮는다.

이상 수시를 끝내고 마지막 고인의 모습을 측근이 보고 나면 휘장이나 병풍으로 앞을 가리는데 병풍은 글씨로 된 것이 좋고 대개 뒷면의 흰색이 앞으로 보이도록 펴서 가리고, 그 앞에 고인의 사진을 모셔 놓고 촛불을 켜고 분향한다. 고인을 모신 방에는 불을 지피지 말고 차게 한다. 장례식장을 이용할 경우는 따로 시신 안치실이 준비되어 있다.

04 발상(發喪)

원래 발상이란 상제가 머리를 풀고 울어서 초상이 난 것을 알리는 일이다.

수시가 끝나면 가족들은 검소하고 깨끗한 옷으로 갈아입고 애통함을 나타내는데, 요즈음에는 머리를 풀거나 곡(哭)을 삼가고 있다.

또한, 요즈음에는 장례의 모든 절차와 필요한 물품을 준비해 놓고 성실하게 대행하는 장례대행사가 있으므로 상가의 수고를 줄일 수 있다.

초상이 나면 검은 줄을 친 장막을 벽에 쳐놓거나 또는 '기중(忌中)'·'상중(喪

발상을 알리는 등

中)'·'근조(謹弔)'라고 쓴 등을 대문에 걸어 초상을 알리고 상가의 입구 근처에 ◇형 종이에 써 붙인다.

또한 상중(喪中)에는 갑자기 많은 비용이 들므로 미리 현금을 준비해 둔다.

05 상제(喪制)

상제는 고인의 배우자와 직계비속(자녀·손자·손녀)이 된다. 상주는 장자나 장손이 되고, 장자나 장손이 없을 때는 차자나 차손의 순(順)으로 상주가 된다. 자손이 없을 때는 최근친자가 장례를 주관한다. 손자가 주상이 되는 것을 승중(承重)한다고 한다.

복인(服人 : 기년(朞年 : 1년) 이하의 상복을 입은 사람)의 범위는 사망자의 8촌 이내 친족으로 한다.

06 호상(護喪)과 장례대행사(葬禮代行社)

상중에는 호상소를 마련하고 상주를 대표해서 친척이나 친지 중에서 장례에 밝고 경험이 있는 사람을 호상으로 정하여 장례에 대한 안내와 연락 및 부의록·사망신고·매장이나 화장 허가 신청 등을 처리토록 한다.

그 밖에도 서기(書記)를 두어 조객의 내왕이나 상비(喪費)의 출납 등에 대한 기록이나 사무를 처리하도록 하고 장례대행사를 선정한다.

근래에는 장례대행사에서 사망신고·염습·입관·매장 신고 등 장의(葬儀)에 관한 모든 일을 처리해 주므로, 절차에 밝고 양심적이며 성실한 장례대행사를 택하도록 하고 담당자가 오면 호상은 상주와 의논하여 치장(治葬)에 대한 준비를 철저히 해야 한다.

요즈음에는 거의 3일장으로 치르기 때문에 밤 늦게 상을 당하면 치장 준비에 바쁘게 되므로, 사전에 장지를 미리 정해 두는 것이 좋다.

그래야만 미리 산역(山役)까지 해서 상을 당했을 때 예의를 다하여 치장할 수 있을 것이다.

매장에 앞서 매장 허가가 필요하므로 의사에게서 사망진단서를 발급받는데, 이때 사설묘지에 매장할 경우에는 묘지 사용 승낙서와 주민등록증을 소지하고 주소지 관할 읍 · 면 · 동사무소에 가서 사망신고와 매장신고를 하면 신고증을 교부해 준다.

그러나 사망자가 전염병 예방법 제2조에 규정된 제1종 전염병인 콜레라 · 페스트 등으로 사망했을 경우에는 반드시 화장(火葬)을 해야 하며, 유가족이 묘지를 만들고 싶으면 화장 후 유골(遺骨)을 매장할 수 있고 납골 봉안당에 모실 수도 있다. 고인을 화장할 경우는 화장장에 미리 예약해 두어야 한다.

매장 또는 화장에 앞서 입관 전에 반드시 사망진단서(병사) 또는 사망을 증명할 수 있는 서류나 시체검안서와 검시필증(사고사)을 제출해야 한다. ※ 사망진단 서식 : 화장 문화 항 참조

07 부고(訃告)

부고는 사람이 죽은 것을 알려 고(告)한다는 뜻이다. 부고는 전인(專人) 부고, 우편 전서(專書) 부고, 신문(新聞) 부고 등이 있다. 사람이 죽은 후에는 고인의 호칭이 다른데 부친은 대인(大人), 모친은 대부인(大夫人), 조부는 왕대인(王大人), 조모는 왕대부인(王大夫人), 처는 망실(亡室)로 기재하고 호상은 가까운 친척과 친지에게 구두(口頭)나 사신(私信) 또는 전화, 전보로 알리는데 반드시 알릴 사람에게만 알려야 한다.

이때 친하지 않은 사람에게까지 알리는 것은 예의가 아니며, 신문에 부고를 게재할 때에는 지나치게 많은 유족의 이름을 삼가는 것이 좋다.

신문에 부고를 게재하는 경우에는 행정기관, 기업체, 기타 직장이나 단체의 명의를 사용치 못한다. 가정의례준칙에는 인쇄물에 의한 개별 고지는 금지되어 있다.

○○의 어머님 ○○○께서 ○월 ○일 ○시에
(사망사유)로 작고하셨기에 삼가 알려 드립니다.

영결식　　　년　　　월　　　일　　　시
영결식장
장지　　　　○○공원묘지 또는 ○○화장장 경유 ○○납골당(봉안묘)

부군　　○○○
아들　　○○○
딸　　　○○○
손자　　○○○

　　　　　　　년　　　월　　　일

호상　○○○

訃　告

金雄大人羅州林公春實以宿患 一九六五年 十月
三十日 十五時 於自宅別世玆以訃告
發靷日時 一九六五年 十一月 一日 午前八時
發靷場所 自宅
葬地 ○○公園墓地

未亡人　文○○
嗣子　○○○
子　○○○
孫女　○○○
女　○○○
子婦　○○○
婿　○○○
外孫　○○○
外孫女　○○○
護喪　○○○

연락처 : ○○○○

計 告

林〇〇大夫人 南平文氏 以宿患 二〇〇五年
十月 十八日 午後 七時 於自宅別世 玆以計告

殯所 : 〇〇病院 靈安室 〇號
發靷日時 : 2005年 十月 二〇日 午前 九時
發靷場所 : 上記 殯所
葬地 : 〇〇公園墓地
또는 〇〇火葬場 經由 〇〇追慕公園(〇〇家族奉安墓)

二〇二五年 十月 十九日

嗣子　林〇〇
孫子　　〇〇
婿　　최〇〇
護喪　〇〇〇
連絡處 電話 〇〇〇-〇〇〇〇
個別通知省略

08 염습(殮襲)

염습이란 시신을 깨끗이 씻은 후 수의(壽衣)를 입혀 염포(殮布)로 묶는 것을 말한다.

염습은 사망한 이튿날 아침에 탈지면이나 거즈로 시신의 머리와 온몸을 깨끗이 닦고 머리를 단정히 빗겨 주고 수의를 입혀 준 다음 입관할 때까지의 절차이다.

수의는 전통 장례 때처럼 준비하고 염습을 하는 데는 목욕물과 수건·솜·수의(깨끗한 속옷과 겉옷) 등이 필요하다. 고인이 남자이면 남자가, 여자이면 여자가 수의를 입히고 염습 후 시신을 닦은 물·수건·고인이 입었던 옷 등은 불태워 땅에 묻는 것이 위생적이다.

수의는 겉옷과 속옷을 겹쳐서 입히는 것이 쉬우며, 아래 옷부터 윗옷을 차례로 입힌다. 옷고름, 단추는 매지 않으며, 옷깃은 산 사람과 반대로 오른쪽으로 여며야 한다.

염습의 절차는 대략 다음과 같다

● 수의를 입힌다 : 수의가 준비되었으면 수의를 입히지만, 준비되지 않았으면 입던 옷 중에서 비단이나 마직 또는 고운 부포나 베 등의 자연 섬유로 된 깨끗한 옷으로 갈아입히면 된다. 수의는 모두 오른쪽으로 여미며, 수의를 입히면 반함(飯含)에 임한다. 시신의 입에 쌀과 구슬 등을 물리는 반함은 저승길까지의 식량과 노자(路資)라 하지만 요즘은 보통 생략한다.

● 이불로 덮는다 : 습이 끝나면 소렴금(小殮衾 : 속이불)으로 싸서 장포, 횡포로 묶는다. 이처럼 염이 끝나면 깨끗한 백포로 덮어 입관한다.

이상 우리나라 전통의 염습 절차는 시대 변화와 종교의 차이에 따라 다를 수 있다. 또한 수의도 고인이 생존시에 좋아하던 옷을 입혀 고운 모습으로 엷은 화장을 하고 시신을 묶지 않고 그대로 입관하는 경우도 많다.

09 입관(入棺)

관은 보통 옻칠을 한 목관을 사용하며 잘 마른 나무에 옻칠을 여러 번 한 것이 좋다. 관을 맞출 때는 시신의 체격에 맞게 한다.

관 속에는 벌레가 생기지 않도록 관 속 모서리에 석회를 고루고루 넣고 소독약을 넣는다. 시체와 관 벽 사이에 공간이 생기지 않도록 깨끗한 백지나 마포를 채워, 시신이 관 속에서 유동하지 않게 한다.

입관은 관에 지금(地衾)을 깔고 베개를 놓은 다음 시신을 관에 옮긴 뒤에 천금으로 덮고 풀솜이나 고인의 유물 중에 넣을 것이 있으면 넣어 양 옆을 채운다. 이때 염주·다라니(선법(善法)을 갖추어 악법을 막는다는 뜻. 범문(梵文) 그대로의 간단한 문구로, 여러 부처와 보살의 선정(禪定)으로부터 생겨난 진언(眞言))·십자가·묵주·성경 등을 종교에 따라 넣기도 한다. 그런 다음 관 뚜껑을 덮어 은정(隱釘)을 박는다.

입관을 마치면 관보를 덮고 그 위에 관상명정(棺上銘旌)을 쓴다. 관보는 흰색·검정색·노란색으로 하고 천은 비단이나 인조견 등 형편에 따라 한다. 끝으로 관을 장지(壯紙)로 싸고 숙마(熟麻)로 밤얽이(곱쳐 매는 매듭)를 쳐서 결관(結棺)한다.

10 영좌(靈座)

영좌는 고인의 영혼을 모시는 곳으로, 입관 후 관 밑에 나무토막을 깔아 놓은 다음 홑이불을 덮고 병풍으로 가린다. 병풍 앞에 깨끗한 백지를 깐 상을 놓고 정면에 고인의 영정을 모시고 양쪽에 촛불을 밝힌다. 영좌의 오른쪽에는 고인의 신분을 표시하는 명정을 만들어 대나무에 매달아 세우거나 병풍에 걸쳐 놓는다. 영좌 앞 탁자에 과일과 술잔을 진설(陳設)하여 분향(焚香)하며, 고인이 생전에 사용하던 물건도 진설한다.

장례예식장에서는 영정을 모신 제단에 생화 등을 장식한다.

● **영정(影幀)** : 검정색 액자에 검정색 리본을 달아 만든 고인의 사진은 제상에 모셨다가 운구할 때 앞에 모시고 간다.

11 명정(銘旌)

명정이란 고인의 품계·관직·본관·성명 등 신분을 기록하여 누구의 영구라는

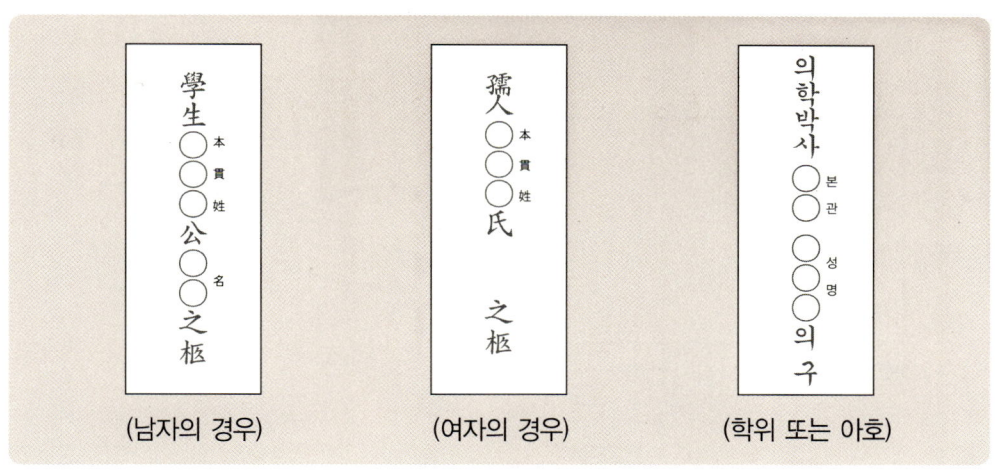

(남자의 경우)	(여자의 경우)	(학위 또는 아호)

명정의 예

것을 표시하는 기(旗)이다. 명정 만드는 법은 붉은 색의 비단 한 폭(70cm 전후의 폭)으로 2.5~3m 길이의 천에 아교가 섞인 분이나 달걀 흰자위를 풀어 그 물로 글씨를 쓴 다음 흰 가루를 뿌리면 된다. 글씨 잘 쓰는 사람에게 부탁하면 좋을 것이다.

12 상복(喪服)

영좌를 설치하고 상제와 복인이 정식으로 상복을 입는 것을 성복(成服)이라고 하는데 요즘은 전통 상복인 굴건제복(屈巾祭服 : 상주가 두건 위에 덧쓰는 건과 제사 때 입는 예복)을 입지 않으므로 상복을 따로 준비하지 않고 한복일 경우 흰색 또는 검정색으로 하고 양복은 검정색에 흰 와이셔츠와 검정 넥타이 양말·구두로 하며 왼쪽 가슴에 상장(喪章)이나 흰 꽃을 단다. 상장은 삼베로도 만들고 흰색 상복에는 검정색, 검정색 상복에는 흰색 상장이 좋다. 부득이한 경우에는 평상복으로 할 수 있다.
복인은 검정색이나 삼베로 만든 리본 또는 완장으로 표시하고 여자는 흰색이나

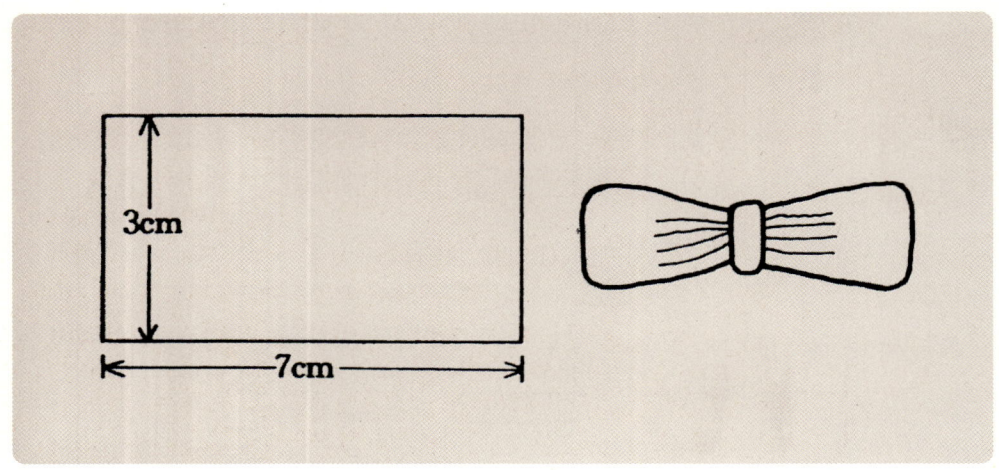

상장의 크기와 모양

검정 치마 저고리 차림이 좋다.

상복을 입는 기간은 장례일까지로 하고, 상장을 다는 기간은 탈상까지로 하는데 성복제(成服祭)는 상복을 입는 절차로서 가정의례준칙에서 금하고 있다.

근래에는 발상(發喪) 후부터 검정 양복 차림으로 조상을 받는 것이 상례이며, 여자도 상복 차림으로 입관 전부터 조객(弔客)을 맞이하는 경우가 많아졌다.

13 조문(弔問)

예로부터 상가를 방문하여 사람의 죽음을 애도(哀悼)하며 영좌 앞에 꿇어앉아 분향하고 절하는 것은 우리의 미풍양속이다.

조문객은 화려한 옷을 피하고, 검정색 · 감색 · 회색 등의 짙은 색이나 흰 옷차림에 검정색 계통의 넥타이를 맨다.

한복이나 양복 정장을 입지 못할 경우에는 수수한 평상복을 입어도 된다.

여자도 검정색 차림이 좋으며 짙은 화장이나 액세서리는 삼간다.

상가에 도착하면 대문 밖에서 코트나 오버를 벗어 들고 들어간다.

가까운 친지나 친척이 상을 당하면 가급적 빨리 상가에 도착하여 상제들을 위로하고 절차와 예산 등의 장례 준비를 하되 쓸데없는 참견으로 흐트러진 모습을 보이지 말고 바른 복장으로 분향 재배하여 상주에게 정중한 조문이 되도록 해야 한다. 또 이웃이 상을 당한 경우에도 우선 급한 일을 도와 주되 공연한 참견은 삼가는 것이 좋다.

즉시 가서 도울 처지가 아닌 경우는 상제의 성복을 기다려 문상하는 것이 예의이다. 그것은 상을 당한 직후에는 상가에서 조문객을 맞이할 준비가 되어 있지 않기 때문이다. 그러나 가까운 사이라면 염습이나 입관을 마친 다음이라도 조문을 하는 것은 괜찮다.

반면 상가 주최에서도 조문객을 맞을 만반의 준비를 갖추어야 한다.

요즈음은 병원의 영안실의 이용도 많으나 가정에서는 공간을 넓게 사용할 수 있도록 살림살이를 치우고 화려한 장식이나 그림들은 떼어 내는 것이 좋다. 또한 가족들의 신발은 한 쪽으로 치우고 조문객들의 신발을 처리할 공간과 외투 등을 받을 수 있는 공간도 준비해 둔다.

상제는 근신하고 애도하는 자세로 조문객을 맞는데 영좌를 지켜야 하므로 조문이 끝난 조문객을 배웅하지 않아도 된다.

조문객의 분향 요령은 아래와 같다.

빈소(殯所)에 도착하면 먼저 이름을 조의록에 기록하고 상제에게 목례(目禮)하며 영정(影幀) 앞에 무릎을 꿇고 앉아 분향(焚香)하는데 이때 향나무 향이면 오른손을 왼손으로 받치고, 오른손의 엄지와 검지로 향을 집어 향로 속에 넣는다. 만수향처럼 긴 향은 한두 개 집어서 불을 붙인 다음, 향로에 정중히 꽂고 일어선다.

잔을 올릴 때는 집사가 무릎 꿇고 잔을 받들어 조문객에게 주면 조문객은 잔을 받아 다시 집사에게 주어 영좌 앞에 놓게 한다.

촛불에 향을 붙일 때는 오른손으로 불을 당긴 다음 불꽃을 손으로 끄고 향로에 꽂은 후 두어 걸음 물러나서 영정을 향해 재배와 반배(半拜)를 하고 서너 걸음 물러서서 상제에게 맞절한다.

종교가 다르더라도 조객은 상가의 법도에 따르는 것이 예의이다. 반면 상가 주최에서도 조문객을 맞이함에 자신들의 종교의식(儀式)을 고집할 일이 아니다. 주최나 조문객은 서로 다른 종교를 인정(認定), 수용(受容)하며 상대방의 의사를 존중해야 한다. 기독교 가정에서는 분향 대신 헌화를 하는데 이때에는 상가에서 준비한 꽃을 한 송이 들고 뿌리 쪽을 영전 앞으로 향해 놓고 잠시 묵도한 뒤 서너 걸음 물러서서 상제와 인사한다.

절하는 바른 예법

간혹 양쪽 손을 겹치지 않고, 손을 떨어지게 벌린 채 절을 하는데, 이것은 최소한 동등하거나 윗사람이 아랫사람의 절을 받을 때 답례로 하는 반절(半拜)과 같은 것이다. 그러므로 이처럼 불경패례(不敬悖禮)의 행동을 조심하고, 양손을 가지런히 펴서 왼손의 중지(中指) 손톱 부분이 오른손의 중지 손톱 위에 포개어지도록 살포시 올려 양쪽 손의 엄지손들끼리 마주치도록 하여 손바닥을 가지런히 펼친 자세로 자기 가슴 높이 정도로 치켜서 두 손을 앞으로 내밀며 허리를 구부려서 양손이 엇갈린 손등 부위에 이마가 맞닿을 정도까지 고개를 공손히 수그려 3초 이상 조아렸다가 일어설 때는 오른쪽 무릎을 먼저 내밀어 세우고 맞잡은 두 손을 그 위에 얹어 힘을 주면서 천천히 일어선다. 이때 다시 양 손을 가지런히 편 채 공손한 자세로 가슴 높이까지 치켜서 처음처럼 반복하여 정중히 엎드려 절한 다음 반절(半拜)한다. 그 후 서너 걸음 물러서서 상제에게 맞절한다.

조문객이 생시에 고인과 대면(對面)한 적이 없거나 여자일 경우는 상주에게만 인사한다.

실례가 되지 않는 분위기라면 상주와의 인사말은 대략 다음과 같다.

- 상사를 당하시어 얼마나 슬프십니까.
- 병환이 회춘하실 줄 알았더니 얼마나 애통하십니까.
- 환중이라는 소식 듣고도 찾아 뵙지 못하여 죄송하기 그지없습니다.
- 위로할 말씀이 없습니다.
- 영부인(부군) 상을 당하시어 얼마나 비도(悲悼)하십니까.
- 백씨(계씨) 상을 당하시어 얼마나 비통하십니까.
- 이런 참변이 어디 있습니까. 얼마나 비통하십니까.

이에 대해 상주는
- 죄송합니다. 또는 감사합니다.
- 망극하오이다. 등의 간단한 답으로 인사하고 조문객은 상주 앞에서 물러난다.

조문객에게 음식물과 주류(酒類) 등을 접대하지 않고 조화(弔花)도 보내지 못하도록 법으로 정해져 있으나 그대로 지켜지지 않는 것이 현실이며 형편에 따라 간단한 음료수를 대접하거나 음식물을 생략하여도 된다. 그러나 밤샘하는 조객이나 도와주는 분들을 위해서 음식 준비는 필요하다.

고인의 유체(遺體)를 지킨다는 뜻에서 밤샘하는 관습으로 상제를 돕는 친척·친지·조문객들 중에서 다음날의 직장 근무에 지장이 없도록 상가측에서 배려함이 옳을 것이다.

밤샘을 할 때는 영좌 앞에 마련된 향탁에서 가까운 위치부터 상주와 그 외 상제가 앉으며 맞은편 쪽에는 호상과 조문객이 앉아 정중히 밤샘을 해야 한다.

조문객의 조문 시기는 탈상 전까지 언제든지 할 수 있다.

조문객은 전통 관습상 부조(扶助)의 뜻에서 돈으로 부의(賻儀)를 하거나 향촉(香燭), 백지 등의 조물(弔物)을 호상소에 전한다. 한편 형편이 어려워 부조금을 못 내는 조문객에게도 상가측은 진정으로 감사해야 한다.

부의(賻儀)

예로부터 부조(扶助)의 뜻이 담긴 돈은 백지에 싸서 흰 봉투에 넣어 호상소에 내거나 분향하기 전에 영전 앞에 내놓는다.

부의장을 쓰는 문구 : 謹弔 · 賻儀 · 弔儀 · 香燭代 · 紙燭代

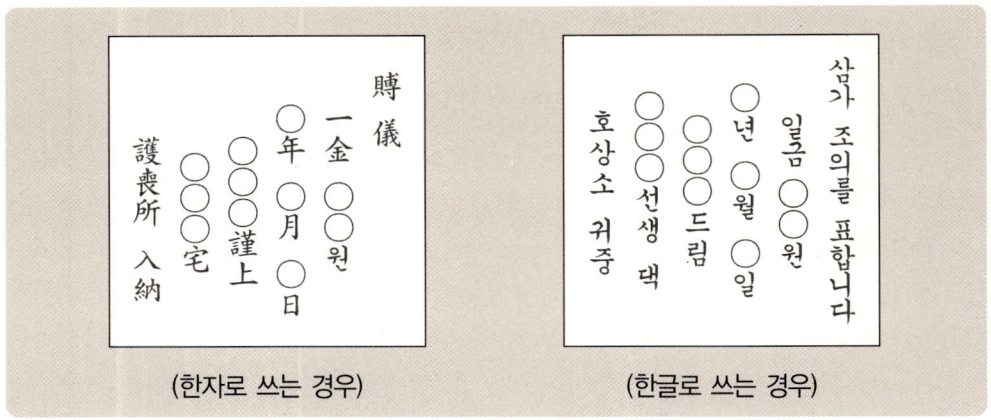

(한자로 쓰는 경우)   (한글로 쓰는 경우)

부의 단자 쓰는 법

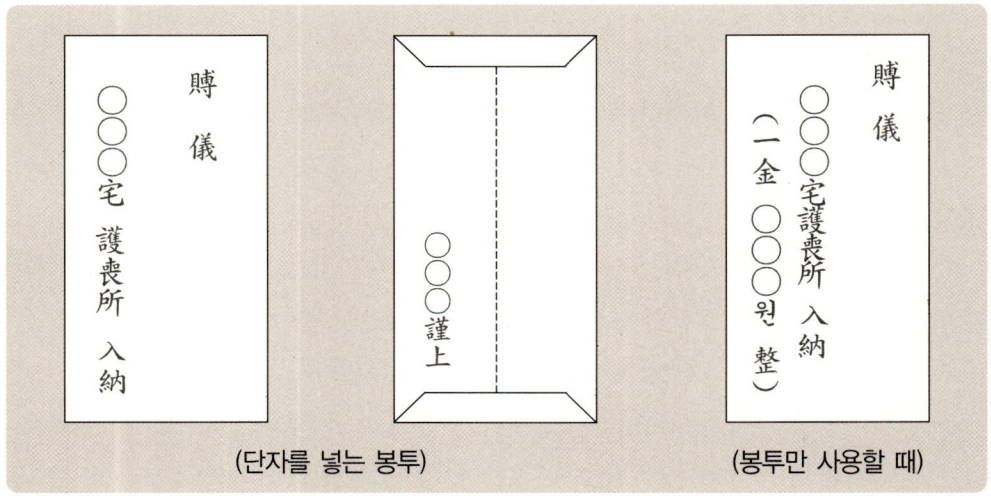

(단자를 넣는 봉투)   (봉투만 사용할 때)

부의 봉투 쓰는 법

14 만장(輓章)

만장이란 망자를 애도하는 뜻의 글을 지어 비단이나 종이에 써서 기(旗)를 만들어 상여 앞에 가는 것인데 현재는 금지되어 있다.

조사(弔詞)

조사는 고인의 죽음을 애도하여 쓴 문장으로, 구습의 만장에 해당되며, 시로 짓는 경우도 있고 지은 자가 직접 장례식에 참석하여 낭독하기도 하며, 신문·잡지 등에 게재하기도 한다. 거리가 먼 경우에는 우편으로 보내기도 한다.

죽음에는 여러 가지가 있는데 천수를 다한 분, 요절·비명 횡사한 사람, 전사나 순직한 사람 등 그 상황에 따라 슬픔과 위로하는 말도 다르므로 그에 맞게 애도의 뜻을 표한다.

15 장일(葬日)과 장지(葬地)

장례일은 부득이한 경우가 아니면 보통 사망일로부터 3일이 되는 날로 한다.

옛날부터의 관습은 짝수 날은 피하고 홀수 날을 택해 3일장·5일장·7일장으로 했으며, 일진(日辰)이 중상일(重喪日 : 탈상하기 전에 부모상을 거듭 당한 날)인 경우를 피하여 장례일을 정했다. 지금도 지방에서는 이에 따른다.

장례는 매장이나 화장을 하고 장지는 보통 공동묘지·종교묘지·공원묘지 또는 시립·도립·종교단체·사설 봉안당을 이용하나 경제적으로 여유가 있는 집안에서는 가족묘지, 사설 공원, 봉안묘, 선산(先山) 등을 이용하기도 한다. 묘지의 기본 조건은 아늑하고 양지(陽地)바른 곳에, 땅은 두껍고 물[水脈]이 없는 곳을 골라야 하되 메워서 돋운 땅은 피해야 한다. 또한 풍수성 못지않게 접근성도 중요하다.

합장(合葬)할 때에는 남좌여우(男左女右)로 한다. 관의 길이가 다를 때에는 머리 쪽을 일치하여 천광(穿壙)한다.

16 천광(穿壙)

천광은 묏자리를 파는 일로 '井' 자 모양의 금정틀(金井機)을 땅에 놓고 관의 척수(尺數)를 감안, 네 모서리에 말뚝을 박아 표시하여 깊이 1.5m 정도로 출상하기 전에 미리 파둔다.

이때 토지신을 달래는 개토제(開土祭)는 대개 일꾼들이 술을 땅에 뿌리며 말로 하지만 술·과일·어포·식혜 등을 진설하고 개토고사(開土告辭)를 읽는 관습이 있다.

묘소 왼쪽에 남향하여 제상을 차리고 고사를 올리는 사람이 신위 앞에 북향하여 분향하고 두 번 절하며 술을 부어 놓고 고사를 읽은 후에 재배(再拜)한다. 또 선산에 장사할 때는 먼저 선영(先塋)에 고사를 지내되, 제일 윗어른이나 묏자리에서 제일 가까운 분에게 제를 올린다.

개토고사의 예문

[해설] ○○년 ○월 ○일 ○○○는 토지신에게 감히 고하나이다. 이제 ○○○의 묘를 마련하오니 신께서 도우셔서 후에 어려움이 없도록 하여 주시기 바라옵고 맑은 술과 포·과로써 올리니 흠향하소서.

維歲次某(太歲) 某月某(月建) 朔日某(日辰) 幼學某(告祀者名)
유세차모　　　　　모월모　　　　삭일모　　　　육학모

　　　敢昭告于
　　　감소고우

土地神 今爲 某(告人의 職銜 姓名)
토지신 금위 모 고인　　직함

　　營建宅兆 神其保佑 俾無後艱
　　영건택조 신기보우 비무후간

　　謹以 淸酌脯果 祗薦于神 尙
　　근이 청작포과 지천우신 상

饗
향

개토고사(開土告辭)

(뚜껑)	(밑돌)	(부인의 지석 뚜껑)	(부인의 지석 밑돌)
某官某公諱某之墓 모관모공휘모지묘	子男某 某官 女適某官某人 某鄉某里某處 娶某氏 某人之女 經歷 某年月日終 考諱某 母某氏某封 某年月日葬于 某官某公 諱某之某 某郡某洞人 某年月日生	某官姓名 某封某氏之墓 모관성명 모봉모씨지묘	敍年若干 適某氏 因夫子致封號 서년약간 적모씨 인부자치봉호

지석에 쓰는 글

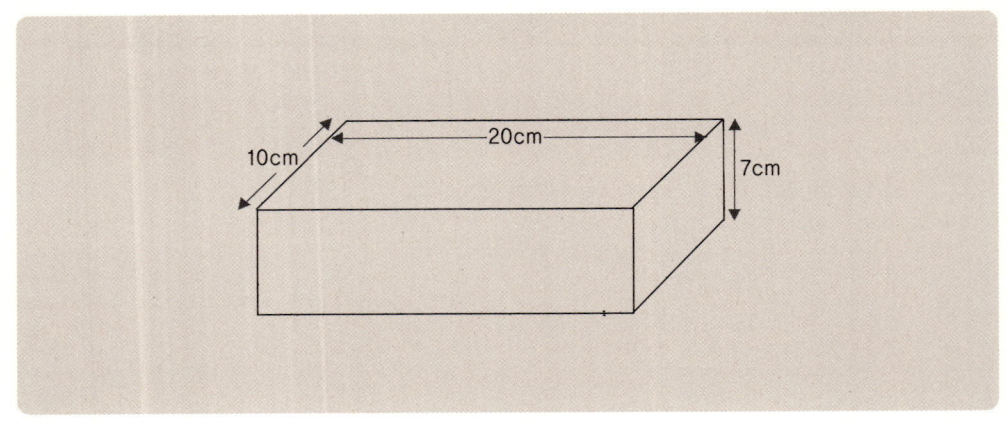

지석의 크기

횡대(橫帶)와 지석(誌石)

횡대는 나무판 또는 대나무로 한다. 이것은 하관하고 석회를 덮을 때 회가 관에 닿지 않도록 하기 위해서이다. 지석은 돌·회벽돌 또는 사발, 질그릇에 글을 새겨 넣거나 쓴 것이다. 이것은 먼 후일에 묘를 표징하기 위해서인데, 위쪽은 누구의 묘라고 밝히고 밑바닥에는 약력과 인적 사항을 기록한다.

즉, 두 개의 좋은 돌을 쪼아 상·하(上下)로 맞추어 쓰는데 윗돌에는 모관모공지묘(某官某公之墓), 밑돌에는 관직·성명·주소·생년월일·사망년월일·좌향을 새긴 다음 짝을 맞추어 단단히 묶어 무덤 앞에 묻는다. 벽돌로 쓸 때는 항아리나 석함에 넣어 밀봉하거나 나무 궤에 담아 석회로 싸 발라서 묻는다. 만일 흰 사발을 쓸 때는 사발 안쪽에 먹글씨로 돌려가며 쓰고 뚜껑 안쪽에는 아무게 지묘(之墓)라고 적어 짚불에 잘 말린 다음 밀봉하여 묻는다.

17 발인제(發靷祭)

발인제는 고인이 생전에 살던 집과 가족들로부터 이별하는 의식으로 「영결식」이라고도 하는데, 전통 장례의 견전(遣奠)에 해당된다.

발인제는 영구가 상가 또는 장례식장을 떠나기 직전에 그 상가 또는 장례식장에서 행한다. 발인제는 고인의 신분에 따라 구분되는데 사회장·단체장·가족장 등이다. 사회장이나 단체장일 때는 장의위원회가 구성되어 그 위원회에서 영결식을 주재한다. 영결식장에서는 영구를 모시고 그 옆에 명정을 세우며, 제상에는 영정 또는 위패를 모시고 촛대, 향로 및 향합을 준비한다.

조사(弔辭)는 고인과 가까운 친척 또는 친지 중에서 대표로 한 사람이 한다. 대개 가족장이므로 호상과 상제들의 제사가 끝난 후에는 조객 중에서 뜻있는 사람이 있으면 분향 재배할 시간적 배려를 해 주는 것도 좋다.

장례식장에서 영구를 옮길 때는 천구고사(遷柩告辭)를 읽고 관을 상여나 영구차에 싣는다. 이어서 그 앞에 제상을 차려서 제물을 진설한 다음 축관이 분향과 함께 술잔을 올리고 견전고사(遣奠告辭)를 읽은 후 상주 이하 복인이 곡을 하며 재배한다. 종교에 따라 제물을 생략하기도 한다.

발인제 순서	일반적인 발인 순서
① 개식(開式)	① 개식
② 호상 및 상제들의 분향 재배	② 각 종교에 따른 의례
③ 고인의 약력 보고	③ 고인의 약력 소개
④ 조사	④ 종교 의례
⑤ 조객 분향	⑤ 추도
⑥ 호상 인사	⑥ 분향·헌화
⑦ 폐회	⑦ 폐식

천구고사	견전축문
今以吉辰 遷柩敢告	靈輴旣駕 往卽幽宅 載陣遣禮 永訣終天
금이길신 천구감고	영이기가 왕즉유택 재진견례 영결종천
[해설] 관을 옮기기를 고하나이다.	[해설] 영혼께서 이제 상여를 타시고 유택으로 가시게 되었으니 전을 올리고 영원히 이별하심을 고하나이다.

18 운구(運柩)

발인제가 끝난 뒤 상여나 장의차로 영구를 장지까지 운반하는 것을 말한다.

우리 관습으로는 명정(銘旌)을 선도로 공포(功布)·만장(輓章)·요여(腰輿)와 배행원(陪行員) 그리고 영구(靈柩)와 시종(侍從), 상인(喪人)과 조객(弔客)의 순으로 발인하는데, 이것은 상여(喪輿)로 운구할 경우이다. 그리고 묘까지 이르는 도중에 고인의 친구나 친척이 스스로 제물(祭物)을 마련하고 지내는 노제(路祭)는 조전자(朝奠者)가 분향하고 술잔을 올리고 제문을 읽으면 모두 두 번 절한다.

그러나 근래의 가정의례준칙에 의하면

● 관 나르기는 영구차 또는 영구수레로 한다. 다만, 부득이한 경우에는 상여로 하되, 상여에 과분한 장식을 하여서는 안 된다.

● 관 나르기의 행렬 순서는 사진·명정·영구·상제 및 조객의 순으로 한다.

상여로 운구하던 고례(古禮)인 노제(路祭)·반우제(返虞祭)·삼우제(三虞祭)는 보통 지내지 않는다.

● 고인을 화장할 경우는 화장장으로 행한다(화장 절차는 「화장 문화」편 참조).

19 하관(下棺)과 성분(成墳)

영구가 장지에 도착하면 곧 하관한다. 하관과 성분의 절차는 다음과 같다.

① 우선 명정을 풀어서 관 위에 덮고, 상제들은 관 양쪽에 마주 서서 두 번 절한다.

② 하관할 시간에 맞추어 결관(結棺)을 풀고 영구의 좌향(坐向)을 바르게 한다. 천 개(天蓋) 위에 석회와 흙을 섞어서 관을 완전히 덮되 물을 뿌리면서 발로 밟아 다진다.

③ 이렇게 평토가 끝나면 준비한 지석(誌石)을 오른쪽 아래에 묻고 성분하는데 높 이는 지면에서 1.2m 이내로 한다. 하관시에 산폐(山幣 : 폐백)를 드리기도 하는 데, 이것은 현(玄 : 파란 실), 훈(纁 : 붉은 실)을 상주가 집사에게 주면, 집사가 현 은 관의 동쪽 위에, 훈은 서쪽 아래에 놓고 상주가 재배하는 것이다. 또한 운아 (雲亞)를 넣는데, 운은 현과 함께 아는 훈과 함께 넣는다. 운아를 넣지 않으면 자손이 발복(發福)을 못한다고 예부터 전해 오는 말에서 유래한다.

하관 의례는 각 집안의 법도를 따르거나 형편대로 생략 또는 검소하게 진행할 수 있다.

20 위령제(慰靈祭)와 반우제(返虞祭)

위령제는 봉분이 완성되어 고인의 육신이 유택(幽宅)에 묻혔으니, 홀로 외롭더라 도 고이 잠들고 길이 명복을 누리라는 뜻으로 영혼을 위로하는 의식이다. 묘소 앞 에 영좌를 설치하고 준비된 제수를 진설하며, 화장시에는 봉안당이나 봉안묘에서 혼령자리[靈座]를 유골함으로 대신하는데, 먼저 주상이 분향 재배하고 잔을 올리고 축문을 읽은 다음, 상주 이하 일동이 재배한다.

이 위령제를 지낼 때의 축문은 다음과 같다.

위령제 때의 한글 축문(아버지의 경우)

> ○○년 ○월 ○일 아들 ○○는 아버님 영전에 삼가 고하나이다. 오늘 이곳에 유택을 마련하였사오니 고이 잠드시고 길이 명복을 누리시옵소서.

위령제 때의 한글 축문(부부의 경우)

> ○○년 ○월 ○일 남편(또는 아내) ○○○는 당신의 영 앞에 고합니다. 오늘 이곳에 유택을 마련하였사오니 고이 잠드시고 길이 명복을 누리소서.

제사가 끝나면 상제들은 영위를 모시고 집으로 돌아온다. 반우란 혼백을 모시고 집에 돌아온다는 뜻으로 반혼(返魂)이라고도 한다. 집에 오면 그날로 영혼을 집에 맞아들이는 제사로 반우제를 지내는데, 「초우(初虞)」라고도 한다.

반우제는 제물을 생략하고 배례나 묵도를 행해도 좋으며, 장례를 끝내고 허전한 자손의 마음가짐대로 예를 드리도록 한다. 화장을 한 경우에는 영좌를 유골함으로 대신하여 제사를 지낸다. 요즘은 초우와 재우는 생략한다.

이상으로 초종의 장례는 끝나게 된다

묘지(墓地)와 비석(碑石)

묘지의 선택은 각 집안의 사정이 있겠으나 과대한 호화 분묘보다 자그마하면서 가급적 성묘 가기 쉽고 토질이 좋아 습하지 않으며 볕이 잘 드는 양지의 아늑한 곳이면 좋겠다. 수맥(水脈) 감정을 할 수 있다면 더욱 좋겠다.

비석은 고인을 밝히는 데 반드시 필요한 표지이다.

석물은 묘소에 세우는 석인(石人)·석등(石燈)·석상(石像)·향로석(香爐石)·혼유석(魂遊石)·상석(床石)·망주석(望柱石) 등이 있으나 형편에 따라 마련한다. 단, 과시적 대형 석물 설치는 자제해야 할 것이다.

비석돌 중에 가장 좋은 것은 오석(烏石)이고 다음이 황등석(黃橙石), 애석(艾石) 등이며 일반적으로 화강석을 많이 이용한다. 비석의 앞면은 명정과 같이 고인의 신분을, 뒷면은 자손의 이름을 새긴다.

오석(烏石) : 흑색, 암회색 또는 적갈색을 띠는 유리질의 화강암.

21 성묘(省墓)

성묘는 조상의 산소를 찾아 돌보는 것을 이르며, 상주와 복인들의 편의대로 하되, 배례 방법은 재배나 묵념(默念)으로 하고 제수는 준비하지 않는다. 그러나 간단하게 제수를 마련하는 것도 좋을 것이다.

우리의 관습으로는 장례를 치른 지 3일 만에 성묘하는 것이 관례이고 봉분에 떼를 입히며 비석을 세우는데 첫 성묘 때 간단히 삼우제를 지낸다.

우제는 혼백을 편안히 모신다는 뜻에서 지내는 제사로서, 초우는 장지에서 돌아온 당일 저녁 영좌에 혼백을 모시고 지내며, 재우는 장사를 지낸 이튿날 이른 아침에 지내는데, 그 날의 일진이 강일(剛日)일 때에는 다음날인 유일(柔日)에 지낸다.

또한 삼우는 재우를 지낸 다음의 강일의 이른 아침에 지내나 요즈음에는 강일이나 유일을 가리지 않는 것이 보편적이고, 초우와 재우는 생략하는 수가 많다. 근래에는 곡(哭)을 그친다는 졸곡(卒哭)을 삼우제와 함께 치르는 경향이다.

註 강일(剛日) : 일진(日辰)의 천간(天干)이 갑(甲)·병(丙)·무(戊)·경(庚)·임(壬)인 날. 양(陽)에 해당하는 날.

유일(柔日) : 육갑(六甲)의 십간(十干) 중에서 을(乙)·정(丁)·기(己)·신(辛)·계(癸)의 날.

부부 합장묘(경기도 남양주시 평내동 천주교 묘지, 필자의 선친과 선비의 산소)

오석에 새긴 비석(앞면은 명정과 같이 고인의 신분을, 뒷면은 자손의 이름을 새긴다)

경기도 남양주시 평내동
천주교 묘지
_ 필자의 부모님 산소

성묘는 언제나 할 수 있다(설 · 한식 · 추석날 외에도 언제든지 간소한 제물로 성묘하는 것도 좋다)

22 49일재 · 졸곡 · 100일재(四十九日齋 · 卒哭 · 百日齋)

49일재는 고인이 돌아가신 지 49일째 되는 날, 고인이 생전에 자주 찾았거나 존경하던 스님이 계신 사찰에 가서 고인의 영혼이 극락정토(極樂淨土)로 가시길 바라는 마음으로 올리는 제사이다. 사찰에서는 스님이 제사를 주도해 주지만 불교 신도가 아니라도 상제가 뜻이 있다면 옛날처럼 조석전(朝夕奠) 분향 재배를 드리는 마음으로 고인의 명복을 빌어 드리는 것은 좋은 일이다. 만일 사찰에 갈 수 없는 사정이라면 집에서도 가족끼리 고인의 명복을 빌거나 묘소 또는 봉안시설에 다녀오는 것도 뜻이 있는 일이다.

졸곡은 고인이 돌아가신 지 석 달 안에 첫 정일(丁日)이나 해일(亥日)을 택하여 지내는 제사로 우는 것을 마친다는 제사인데 제수는 간소하더라도 성의있게 마련하여 상식상(上食床)을 올리고 재배하는 것도 좋을 것이다. 그러나 종교에 따라 진찬(進饌)을 생략할 수 있다.

백일재를 모시게 될 경우에는 졸곡을 생략하고 백일재로 대신할 수 있는데 백일재는 보통 사찰에 가서 모시지만 때로는 집에서 모시거나 산소에서 성묘할 수도 있다.

〈가정의례준칙〉에서는 백일재를 지낸 날에 탈상의 복(服)을 벗는다. 가가례(家家禮 : 각 집안에 따라 다른 장례와 제례)라 하여 사람마다 처지와 형편이 다르므로 어느 것이 옳고 그르다기보다는 각자의 생각과 사정에 따라야 한다.

모든 예법은 사람이 만들어 정한 규범이므로 지나치게 원칙만을 고수할 일도 아니다. 사람은 항상 실수(失手)하며 살고 불완전(不完全) 속에서 곧 닥칠 죽음을 향해 가고 있음에, 까만 띠가 드리워진 자신의 영정(影幀)을 본다면 '콩을 팥'이라고 해도 너그럽게 받아들일 수 있는 것이다. 진리는 오직 하나뿐이라는 인습적 편견은 버려야 하리라.

23 탈상(脫喪)

옛날의 3년 탈상은 지금 많이 현대화되어, 조부모와 부모 및 배우자의 상기(喪期)는 1백 일로 하며 그 밖의 경우에는 장일(葬日)까지로 한다.

또 상기 중에는 영좌는 마련하지 않고 탈상제는 〈가정의례준칙〉의 기제(忌祭)에 준한다.

예전의 관습으로 보면 탈상제는 초상이 난 날부터 복을 입으며 매달 초하룻날과 보름날 아침에 삭망전(朔望奠)을 올리고 명절에는 차례를 지내며 소상과 대상의 제사를 지낸 후에 마지막으로 탈상제를 지내는 것이 순서였다.

소상은 초상이 난 뒤의 만 1년이 되는 날에 지내는 제사로서, 이때 아버지가 생존(生存)하고 어머니의 소상일 때에는 열한 달이 되는 달의 첫 번째 정일(丁日)에 지내고 이때에 지내는 소상을 연제사(練祭祀)라고 한다.

탈상제 축문(脫喪祭 祝文)

아들(또는 손자) ○○는 아버님(또는 할아버님) 영전에 삼가 고하나이다. 세월은 덧없이 흘러 어느덧 상기를 마치게 되었사와 사모하는 마음 더욱 간절하옵나이다. 이제 간소한 제수를 드리오니 강림하시어 흠향하시옵소서.

년　월　일

대상(탈상)은 초상이 난 뒤 만 2년이 되는 날에 지내며, 대상을 마치면 상복과 상장(喪杖) 등을 불에 태운 다음에 혼백을 묘소 부근에 묻고 탈상을 하게 된다.

소상이나 대상의 의식은 일반 기제와 다름없이 영정이나 지방을 모시고 제수를 진설한 다음, 곡을 하며 재배한다. 축은 옛날 축문 서식에 따른다.

대상 이후에도 담제·길제 등이 행해지기도 하나 요즈음에는 49일이나 100일에 탈

장례 후 의례 비교

의례 \ 시대	과거	현재
반곡, 초우제	장일	장일
재우제	유일(柔日 : 乙丁己辛癸)	장일 다음날이나 보통은 생략
삼우제	강일(剛日 : 甲丙戊庚壬)	장일 3일째 날
졸곡	삼우제 후 석 달 만에 강일을 택해 지냄	
부제	졸곡 다음날	간혹 다 지내는 집도 있으나 보통 생략, 49일재 · 100일재 등으로 탈상(종교에 따라 다른 의례 또는 생략)
소상	초상 후 만 1년째 되는 날(첫 忌日)	
대상	초상 후 만 2년째 되는 날	
담제	대상 후 3개월째 丁日이나 亥日	
길제	담제 다음날 정일(丁日)이나 해일(亥日)	

상을 하는 경우가 많다. 또는 종교에 따라 다른 의례를 행하기도 하고 생략하기도 한다.

　이상으로 한 사람의 죽음에 따른 상례는 끝나고, 명절 차례(추도)나 매년 돌아오는 기일(忌日)에 고인을 추모하는 의식이 남을 뿐이다.

24 장례 후처리(葬禮 後處理)

　장례가 끝나면 호상인으로부터 장례사무 일체를 인계받고 상주는 물론 상제들도 그동안 애써 주시고 대사(大事) 후유증으로 피로에 지친 호상과 친지에게 감사의 뜻을 성의 있게 표하고, 고인의 병환을 치료했던 의사 · 간호사 · 주위 분들에게도 감사의 인사를 잊어서는 안 된다. 경우에 따라서는 사례도 해야 한다.

　또한 멀리서 사정상 참석치 못하고 조장(弔狀)을 보내 온 분이나 문상을 다녀간 조문객들에게도 찾아 뵙거나 전화 또는 답조장 등으로 정중한 감사를 표하는 것이 예의이며 도리(道理)이다.

人事 말씀

이번에 저희 先親(故　　　)喪事時에
바쁘신 중에도 鄭重한 弔意를 베풀어 주신데 대하여
깊은 感謝를 드립니다. 慌忙中이라 일일이 찾아 뵙지
못함을 罪悚스럽게 생각하오며 우선 紙面을
빌어서나마 머리 숙여 人事를 드립니다.

二○○六年　月　日

孤子 ○○
子 ○○
婦 李○○
洪○○
拜上

답조장 예문(答弔狀 例文) 1

삼가 아뢰옵니다.
지난번 아버님(또는 어머님 등)의
상사시에 바쁘신 중에도 참석하시어
따뜻한 조의를 베풀어 주신데 대해
깊은 감사를 드립니다.
황망중에 우선 글로써 인사를
대신하려 하옵니다.

○년 ○월 ○일
○○○ 올림

답조장 예문(答弔狀 例文) 2

굴건제복을 입고 전통 제례를 치르는 모습

 장례행사로 어수선했던 집안을 정리하고 고인의 유품도 잘 간수해야 하는데 특히 고인의 영정(影幀)은 일정한 장소에 잘 모시고 고례(古禮)의 조석 상식을 올리지는 못해도 출장이나 출근을 할 때는 고인의 생시(生時)와 같이 배례(拜禮)로 고하는 자세가 필요한데 이는 자녀들에게 좋은 본보기로 바람직할 것이며 영정을 항상 깨끗이 보존하여 해마다 돌아오는 제사 때 사용한다.

 장례 후일지라도 가까운 친지 간에는 유가족(遺家族)의 슬픔과 건강을 전화로 위로하거나 찾아보는 것이 좋으며, 사십구일재(四十九日齋)나 백일재(百日齋)에 초청받으면 장례에 참석할 때처럼 근신하는 마음과 차림으로 참석하는 것이 예의이다. 그러나 종교에 따라 다른 의례를 행하거나 생략하기도 한다.

행렬(종묘대제)

제3장

종교별 장례
宗教別 葬禮

01 천주교 장례

　생전에 영세를 받은 사람은 《성교 예규(聖敎禮規) 가톨릭의 관례로 되어 있는 규칙》에 의하여 장례를 치른다. 천주교나 기독교에서도 신자로서의 정신에 벗어나지 않는 한도 내에서 우리나라의 고유 풍습이나 장례 의식을 존중하여 병행하기도 한다.

　임종이 임박하여 급히 세례를 받고자 할 때, 신부를 모셔올 시간적 여유가 없으면 교우회장이나 수녀로부터 대신 세례를 받을 수도 있다. 가능하면 정신이 맑을 때 미리 세례를 받을 의사를 타진하는 것이 좋다.

(1) 종부 성사(終傅聖事)

　마지막 임종 전에 의식이 있을 때 신부를 청하여 종부 성사를 받는데, 오늘날에는 명칭이 바뀌어 병자 성사(病者聖事)라고 한다.

　이 의식을 위해 가족들은 환자의 옷을 깨끗이 갈아입히고 성유(聖油)를 바를 얼굴과 눈·코·입·손바닥·발바닥 등을 씻긴다.

천주교_ 장례일이 되면 영구를 본당으로 옮기고 연미사를 거행한 뒤 장지로 향한다.

또한 상 위에 흰 천이나 백지를 깔고 그 위에 십자고상(十字苦像)과 촛대 2개 · 성수 그릇 · 성수채 · 작은 그릇 등을 준비한다.

신부(神父)가 도착하면 상 위의 촛대에 불을 밝힌 다음 신부와 환자만 남기고 주위 사람들은 모두 물러나는데, 이는 고해 성사(告解聖事)의 자리이기 때문이다.

고해 성사가 끝나면 노자 성체(路資聖體) · 종부 성사 · 임종 전 대사의 순서로 성사를 진행한다.

(2) 임종 전 대사

종부 성사는 신부가 없이 운명했을 때에도 받을 수 있는데, 이때에는 주위 사람들이 환자를 위로하고 격려하며 성서(聖書) 가운데 거룩한 구절을 골라 읽어 준다.

(3) 운명(殞命)

환자가 숨을 거둘 때에는 성촉(聖燭)에 불을 켜는데, 성촉이란 성랍(聖蠟)으로서 신성한 용도에 쓰기 위해 보통의 것과 구별하여 만든 초이다.

불을 켠 다음에는 〈임종경(臨終經)〉이나 〈성모덕서도문〉, 〈매괴경(玫瑰經)〉을 읽으며, 숨을 거둔 다음에도 얼마 동안 염경(念經)을 계속한다.

환자가 마지막 숨을 거둘 때에는 떠나는 사람의 마음을 편하게 하기 위해 될 수 있는 한 흐느끼거나 통곡하는 것을 삼가야 한다.

(4) 초상(初喪)

임종 후에는 시신을 깨끗한 옷으로 갈아입히고 눈을 쓸어 감기며 입도 다물게 한 후 몸이 굳어지기 전에 가지런히 수시(收屍)한 다음 손을 합장(合掌)시켜 묵주나 십자가상을 쥐어 준다.

시신 머리맡의 상 위에는 십자고상(十字苦像)을 모시며, 양쪽에 촛불을 밝히고 성수 그릇과 성수채를 놓는데, 입관할 때까지 이런 상태를 계속 유지하면서, 가족들은 그 옆에 꿇어앉아 위령 기도(慰靈祈禱)를 한다.

(5) 위령 미사

위령 미사는 연옥(煉獄)에 있는 사람의 죄를 정화(淨化)하기 위해 천주께 드리는 제사로서 연미사의 바뀐 말이다.

환자가 숨을 거두면 바로 본당 신부(本堂神父)에게 알리고 미사 예물을 전하여 위령 미사를 청한다.

장례일과 장지, 장례 미사 시간을 신부와 의논하여 정한다.

(6) 염습(殮襲)과 입관(入棺)

천주교에서는 신자(信者)의 가정이면 부탁을 하지 않아도 염습에 경험이 많은 사람이 와서 고인의 시신을 알코올로 깨끗이 닦고 수의를 입힌 다음 입관해 준다.

(7) 장례식(葬禮式)

장례일에는 관을 성당으로 옮겨 위령 미사와 사도 예절(赦禱禮節 : 고별식)을 행하며 입관 및 출관과 하관은 성교 예규(聖敎禮規)에 따라 거행하고 원래는 화장을 하지 않았으나 요즘은 화장하는 예가 많아지고 있다.

(8) 하관(下棺)

장지에 도착하면 묘지 축성기도를 하고 영구와 광중에 성수(聖水)를 뿌린 다음에 하관 기도를 하고 하관한다.

천주교 장례식에서는 신앙(信仰)의 본질에 어긋나지 않는 점은 수용하고 있는데, 즉, 조문객에게 간소한 음식을 대접하거나 아무 때나 묘소를 찾아가 성묘(省墓)하는 것 등이다.

장례 후 3일·7일·30일에는 연미사를 드리고, 소기(小朞:소상)·대기(大朞:대상) 때에도 연미사와 가족의 고해, 영성체를 실행한다.

02 기독교 장례

기독교 장례는 모두 4회의 예배로 이루어지는데 임종·입관·발인·하관의 차례로 진행된다. 운명한 시신의 정제와 수시에서부터 하관에 이르기까지의 모든 의식절차는 목사(牧師)의 집례(執禮)로 행해진다.

운명을 하면 찬송과 기도로 고인의 영혼을 하나님께 맡기는 뜻의 예배(禮拜)를 보며(임종) 초종 중에는 매일 목사의 집례로 기도회를 갖고, 유가족은 빈소에서 찬송이 그치지 않게 한다. 찬송은 이웃에 폐가 되지 않도록 고려해야 한다.

기독교 상례에서는 곡을 하지 않고 음식을 차리지 않으며 절도 하지 않는다. 또한 아침저녁으로 전과 상식(上食)을 올리지 않고 염습할 때에 묶지도 않는다. 그러나 상주에 따라서 다르다.

장례식 전날 염습을 마치고 입관식(입관)을 할 때에는 목사의 집례로 예배를 본다.

영결식(永訣式)은 영구를 교회에 안치하여 행하는 경우와 상가나 장례식장에서 간단하게 행하는 경우가 있으며, 분향 대신 영전에 꽃 한 송이씩을 바친다. 하지만 일반 조문객들을 위하여 분향 준비를 하는 경우도 있다.

(1) 영결식의 순서(발인)

① 개식사(開式辭) : 주례 목사(主禮牧師)
② 찬송(讚頌) : 주례 목사가 임의로 선택한다.
③ 기도(祈禱) : 유족들을 위로하는 내용의 기도이다.
④ 성경 봉독(聖經奉讀) : 보통은 고린도후서 5장 1절이나 디모데전서 6장 7절
⑤ 말씀 선포
⑥ 기도 : 주례 목사가 한다.
⑦ 고인의 약력 보고(略歷報告) : 때에 따라서 하기도 하고 하지 않기도 한다.

⑧ 축도

⑨ 찬송

⑩ 헌화(獻花) : 고인의 영전에 꽃 한 송이씩을 바친다.

⑪ 출관(出棺)

축도(목사가 없을 때에는 주기도문으로 대신하기도 하였다)

(2) 하관식의 순서(하관 예배)

영결식이 끝나고 장지에 가면 매장에 앞서 목사의 집례로 하관 예배를 보고, 상제들이 관 위에 각각 몇 삽씩 흙을 떠서 뿌리고 일꾼들에게 봉분을 하게 한다.

① 개식사 : 주례 목사가 맡는다.

② 기원(祈願)

③ 찬송

④ 기도

⑤ 성경 봉독 : 고린도전서 15장 51절~58절

⑥ 기도 : 주례 목사가 기도를 한다.

⑦ 신앙고백(信仰告白)

⑧ 취토(取土) : 상제들이 봉분하기 전에 흙을 한 줌씩 관 위에 뿌린다.

⑨ 축도(祝禱) : 축복기도를 한다.

단, 성경 봉독 및 찬송가의 선택은 다양할 수 있다.

- 성경 봉독문 -

● 고린도후서 5장 1절　만일 땅에 있는 우리의 장막 집이 무너지면 하나님께서 지으신 집 곧 손으로 지은 것이 아니요 하늘에 있는 영원한 집이 우리에게 있는 줄 아나니.

● **디모데전서 6장 7절** 우리가 세상에 아무것도 가지고 온 것이 없으매 또한 아무것도 가지고 가지 못하리니.

● **요한복음 14장 1절~3절** 너희는 마음에 근심하지 말라. 하나님을 믿으니 또 나를 믿으라. 내 아버지 집에 거할 곳이 많도다. 그렇지 않으면 너희에게 일렀으리라. 내가 너희를 위하여 처소를 예비하러 가노니 가서 너희를 위하여 처소를 예비하면 내가 다시 와서 너희를 내게로 영접하여 나 있는 곳에 너희도 있게 하리라.

● **데살로니가전서 4장 13절~18절** 형제들아 자는 자들에 관하여는 너희가 알지 못함을 우리가 원치 아니하노니 이는 소망 없는 다른 이와 같이 슬퍼하지 않게 하려 함이라. 우리가 예수의 죽었다가 다시 사심을 믿을찐대 이와 같이 예수 안에서 자는 자들도 하나님이 저와 함께 데리고 오시리라. 우리가 주의 말씀으로 너희에게 이것을 말하노니 주 강림하실 때까지 우리 살아 남아 있는 자도 자는 자보다 결단코 앞서지 못하리라. 주께서 호령과 천사장의 소리와 하나님의 나팔로 친히 하늘로 좇아 강림하시리니 그리스도 안에서 죽은 자들이 먼저 일어나고 그 후에 우리 살아 남은 자도 저희와 함께 구름 속으로 끌어 올려 공중에서 주를 영접하게 하시리니 그리하여 우리가 항상 주와 함께 있으리라. 그러므로 이 여러 말로 서로 위로하라.

● **고린도전서 15장 51절~58절** 보라 내가 너희에게 비밀을 말하노니 우리가 다 잠잘 것이 아니요 마지막 나팔에 순식간에 홀연히 다 변하리니 나팔 소리가 나매 죽은 자들이 썩지 아니할 것으로 다시 살고 우리도 변화하리라. 이 썩을 것이 불가불 썩지 아니할 것을 입겠고 이 죽을 것이 죽지 아니함을 입으리로다. 이 썩을 것이 썩지 아니함을 입고 이 죽을 것이 죽지 아니함을 입을 때에는 사망이 이김의 삼킨 바 되리라고 기록된 말씀이 응하리라. 사망아 너의 이기는 것이 어디 있느냐. 사망아 너의 쏘는 것이 어디 있느냐, 사망의 쏘는 것은 죄요 죄의 권능은 율법이라. 우리 주 예수 그리스도로 말미암아 우리에게 이김을 주시

는 하나님께 감사하노니 그러므로 내 사랑하는 형제들아 견고하며 흔들리지 말며 항상 주의 일에 더욱 힘쓰는 자들이 되라. 이는 너희 수고가 주 안에서 헛되지 않은 줄을 앎이니라.

아동 장례식

① 식사 : 목사가 개식 선언을 한다.

② 찬송 : 목사가 임의로 선택하여 찬송을 부른다.

③ 기도 : 명복을 기원한다.

④ 성경 봉독 : 마가복음 10장 15절을 읽는다.

⑤ 위안사 : 목사가 가족들에게 위안의 말을 한다.

⑥ 기도

⑦ 출관

이에 따른 하관식은 다음과 같다.

① 찬송

② 기도

③ 성경 봉독 : 시편 23편 1절부터 5절까지 또는 요한계시록 22장 1절부터 5절까지

④ 주기도문

⑤ 축도

목사의 축복 기도로 장례식을 마친다.

- 아동 장례식 성경 봉독문 -

● 마가복음 10장 15절 내가 진실로 너희에게 이르노니 누구든지 하나님의 나라를 어린 아이와 같이 받들지 않는 자는 결단코 들어가지 못하리라 하시고……

● 시편 23편 1절~5절 여호와는 나의 목자시니 내가 부족함이 없으리로다. 그

가 나를 푸른 초장에 누이시며 쉴 만한 물 가로 인도하시는도다. 내 영혼을 소생서키시고 자기 이름을 위하여 의의 길로 인도하시는도다. 내가 사망의 음침한 골짜기로 다닐찌라도 해를 두려워하지 않을 것은 주께서 나와 함께 하심이라. 주의 지팡이와 막대기가 나를 안위하시나이다. 주께서 내 원수의 목전에서 내게 상을 베푸시고 기름으로 내 머리에 바르셨으니 내 잔이 넘치나이다.

● 요한계시록 22장 1절~5절　또 저가 수정같이 맑은 생명수의 강을 내게 보이니 하나님과 및 어린 양의 보좌로부터 나서 길 가운데로 흐르더라. 강 좌우에 생명나무가 있어 열두 가지 실과를 맺히되 달마다 그 실과를 맺히고 그 나무 잎사귀들은 만국을 소성하기 위하여 있더라. 다시 저주가 없으며 하나님과 그 어린 양의 보좌가 그 가운데 있으리니 그의 종들이 그를 섬기며 그의 얼굴을 볼 터이요, 그의 이름도 저희 이마에 있으리라. 다시 밤이 없겠고 등불과 햇빛이 쓸데없으니 이는 주 하나님이 너희에게 비춰심이라. 저희가 세세토록 왕노릇 하리로다.

03 불교 장례

다비식(茶毘式)

불교에서는 장례식을 「다비식(茶毘式)」이라고 하며, 「다비」란 불에 태운다는 뜻으로 화장(火葬)을 일컫는 말이다.

다비식은 불교의 의례 규범인 《석문의범(釋門儀範) : 佛家의 예의범절에 모범이 될 만한 것》에 장례에 대한 부분이 있으나 자세하지 않고, 다만 추도의식의 순서만 있어 그에 따라 장례의식을 거행한다. 임종에서 입관에 이르는 절차는 일반장례식과 거의 비슷하며, 다만 영결식은 다비에 의한 순서로 한다.

영결식 순서

① 개식 : 호상(護喪), 주례 스님이 개식을 선언한다.

② 삼귀의례(三歸依禮) : 불보(佛寶)·법보(法寶)·승보(僧寶)의 삼보에 돌아가 의지
한다는 불교의식을 주례 스님이 행한다.

③ 약력 보고(略歷報告) : 고인과 가까운 친지나 친구가 고인을 추모하는 뜻에서
고인의 약력을 간단히 소개한다.

④ 착어(着語) : 주례 스님이 고인의 영혼을 안정시키는 말씀으로 부처님의 가르
침을 설법(說法)한다.

불교 장례식_ 혜암 종정 예하 다비식. 합천 해인사.

⑤ 창혼(唱魂) : 극락 세계에 들어가 고이 잠들라는 것으로 요령을 흔들며 고인의 혼을 부른다.

⑥ 헌화(獻花) : 친구와 친척들이 영전에 꽃을 바친다.

⑦ 독경(讀經) : 고인의 영혼을 안정시키고, 생시의 모든 인연을 끊고 극락 세계에 서 고이 잠들도록 주례 스님과 참례자 모두 경문(經文)을 읽는 염불이다.

⑧ 추도사(追悼辭) : 일반 장례에서 하는 조사(弔辭)와 같다.

⑨ 소향(燒香) : 일동이 함께 향을 피우며 고인을 추모하고 명복을 기원한다.

⑩ 사홍서원(四弘誓願) : 주례 스님이 하며 내용은 다음과 같다.

● 중생무변서원도(衆生無邊誓願度) : 중생은 끝이 없으니 제도(濟度)하기를 맹세하 고 원하고,

● 번뇌무진서원단(煩惱無盡誓願斷) : 인간의 번뇌는 끝이 없다 하더라도 번뇌 끊기 를 맹세하고 원하고,

● 불도무상서원성(佛道無上誓願成) : 불도보다 더 훌륭한 것이 없으니 불도 이루기 를 맹세코 원한다.

⑪ 폐식(閉式) : 영결식이 끝났음을 선언한다.

영결식을 거행한 후 주례 스님이 화장터로 따르는데, 화장할 때 시신을 분구(焚口)에 넣고 끝날 때까지 염불을 그치지 않으며, 다 타면 흰 창호지에 유골을 받아 서 상제에게 주어 쇄골(碎骨)한 다음, 법주가 있는 절에 봉안하고 제사를 지낸다. 봉안한 절에서 사십구일재(四十九日齋)와 백일재(百日齋)를 지내고, 3년 제사를 모 신다. 3년 제사가 끝나면 봉안도의 사진을 떼어 가는데, 이것은 전통 장례에서 궤 연(几筵 : 영궤와 혼백, 신주를 모셔두는 자리)을 철거하는 것과 같은 것이다. 최근에 는 유골을 옥(玉)처럼 영롱한 사리(舍利)로 만드는 첨단 기술이 개발되어 유골을 청결하게 보관할 수 있고 혐오감이 없어 봉안 장소에 구애받지 않으므로 사리부 도탑과 봉안시설 또는 가정에 보관할 수도 있다.

04 천도교 장례

천도교에서는 사람의 죽음을 「환원(還元)」이라고 하며, 그 의식절차는 《천도교 의절(天道敎儀節)》에 따라 다음과 같이 한다.

(1) 수시(收屍)

환원 직후에 천도교 의식 때 쓰는 맑은 물, 즉 청수(淸水)를 봉전(奉奠)하고, 가족 일동이 심고(心告)한 후 시신을 수렴(收殮)한다.

심고는 하느님(한울님)께 고하는 기도로 다음과 같이 한다.

성령(性靈)이 우리의 성령에 융합되어, 길이 인계극락(人界極樂)을 향수(享受)하옵소서.

(2) 수조(收弔)

정당(正堂)에 청수탁(淸水卓)을 설치해 놓으면, 조문하는 사람들은 그 앞에서 심고한 후 상주에게 조의를 표한다.

(3) 입관(入棺)

입관하기 전에 먼저 명정(銘旌)을 다음과 같이 쓴다.

天道教 神男(女) 某氏之柩

원직(原職 : 천도교 직분)이 있는 경우에는 신남·신녀(神男·神女) 대신 최고 직명과 도당호(道堂號)를 표시한다. 입관식을 마친 후에는 청수를 봉전(奉奠)하고 심고한다.

(4) 성복식(成服式)

청수를 봉전하고 상복을 입은 후 심고한다. 상복은 검정색으로, 천은 자유로이 선택한다.

(5) 운구(運柩)

성복식이 끝난 뒤에 운구하는데, 영결식을 자택에서 거행할 때는 운구식을 생략한다. 영결식은 발인할 때 자택이나 특정 장소에서 하는데, 그 순서는 다음과 같다.
① 개식(開式)
② 청수 봉전(淸水奉奠)
③ 식사(式辭)
④ 심고(心告) : 전원이 함께 한다.
⑤ 주문(呪文) : 3회 병독(竝讀)한다.
⑥ 약력 보고
⑦ 위령문 낭독

⑧ 조사(弔辭) : 내빈 중에서 한 사람이 한다.

⑨ 소향(燒香)

⑩ 심고

⑪ 폐식(閉式)

(6) 상기(喪期)와 기도식

상기는 배우자의 부모와 부부인 경우는 1백5일이며, 조부모·숙부·형제·자매인 경우에는 49일이다.

위령 기도는 전자인 경우 환원일로부터 7일·31일·49일이 되는 날 하는데, 순서는 다음과 같다.

① 재계(齋戒)

② 청수 봉전

③ 심고

④ 주문 : 1백50회를 묵송(默誦)한다.

⑤ 심고

⑥ 폐식

(7) 제복식(除服式)

상기가 끝나 상복을 벗는 의식으로 환원 후 1백5일째 되는 날 오후 9시를 기해서다음과 같은 절차로 한다.

① 재계

② 청수 봉전

③ 제복

④ 식사

⑤ 주문 : 21회 묵송

⑥ 추도사

⑦ 심고

③ 폐식

제2부
현대의 제례

제1장
현대식 제례
現代式 祭禮

01 제사의 의의(意義)

제례란 제사(祭祀)를 지내는 여러 가지 예(禮)를 말하며, 제(祭)를 행하는 순서와 형식 및 예절을 일컫는다.

예로부터 인류는 대자연의 변화와 천재지변에 대해 경외감(敬畏感)을 느꼈고, 동물과 식물 · 샘 · 큰 바위 · 천체(天體) 등의 모든 자연물에도 혼령이 있다고 믿은 나머지 종교(宗敎) 형식으로 발전하여 제례의 기원이 되었다.

제례에 있어서는 돌아가신 조상을 마치 살아 계신 분을 받들 듯이 정성을 다하였기에 오래전부터 조상의 상징물인 위패(位牌)를 만들어 가정에 모셔 왔다.

조상들의 위패를 모셔 놓은 곳을 집안의 사당(祠堂), 가묘(家廟)라고 하는데, 오늘날에는 가묘를 짓고 위패를 모셔 놓은 가정은 거의 찾아볼 수가 없다. 따라서 제사 때마다 임시로 위패를 만들어 사용하는데 이를 지방(紙榜)이라 하며 고인의 사진이 있으면 지방 대신 사진을 모시기도 한다.

일부에서는 우리 풍속의 제례에서 조상의 위패를 모시고 제사를 지내거나 돌아가신 조상에게 절을 하는 것은 우상 숭배(偶像崇拜)라 하여 반대하는 입장도 있다.

제례는 절대신(絶對神)에게 기도하고 복을 기원하는 종교 의식이 아닌, 자기를 있게 해 주신 조상에 대해 감사의 마음을 표하고 조상이 지녔던 생전의 뜻을 기리며 추모(追慕)하는 의식이다. 이는 인간이 마땅히 지녀야 할 자세이며 효도(孝道)의 연장이라고 할 수 있다.

옛날에는 제사를 지내는 의식과 절차가 까다롭고 복잡했으며 또한 가문의 위신을 따진 나머지 지나치게 낭비하는 경우가 많았었다.

그러나 오늘날에는 핵가족화로 인하여 자손들이 대부분 흩어져 살게 되어 제사의 의식이나 절차가 간소화된 반면 그렇게 많은 횟수의 제사를 지내기 위해 한자리에 모이는 것은 어렵게 되었다.

차례는 대대로 이어져 내려오는 고유의 풍습이기 때문에 조상에 대한 제사를 미신적인 차원에서 나쁘게 생각하거나 소홀히 해서는 안 된다.

제사는 조상에 대한 후손의 효심과 공경심을 나타내는 의식이라고 할 수 있으며, 한 뿌리의 자손들이 모여 조상의 은덕을 기리고 혈족 간의 유대를 굳게 다지는 데에 그 의미가 있다고 할 것이다.

또한, 자라나는 자녀들에게는 자신의 근본에 대하여 깨닫게 해줄 수 있고, 나를 있게 해준 조상에 대하여 정성껏 예로써 모시는 것이 자손으로서의 당연한 도리(道理)일 것이다.

옛날에는 여러 대의 신위(神位)를 모시던 가정에서는 한 해 동안에 무려 48회 이상의 제사를 지냈고, 지금도 이름 있다는 집안에서는 4대조까지의 제사를 대물림하여 지내고 있으며 오늘날의 일반적인 제사는 기제사·묘제사·절제사(설·추석)로 한다.

조상에 대한 고마움의 표시나 교육적인 효과는 조부모(祖父母)까지로 하며, 더욱이 요즈음 대부분의 가정에서는 〈가정의례준칙(家庭儀禮準則)〉의 실시로 부모와 조부모의 기제(忌祭)만을 지내고, 그 윗대의 조상들은 묘제(墓祭)를 지내고 있다.

그러나 이것 역시 모두에게 일치될 수는 없으며 자손이 제사의 의미를 살려 나갈 수 있다면 어떤 방법이든 상관이 없을 것이다. 다만 간소하게나마 정성을 다하는 것이 중요하며 제상(祭床) 차림도 지역과 가정에 따라 차이가 있고 다양할 수 있다.

02 〈가정의례준칙〉의 제례

● 제사의 구분
제사는 기제(忌祭) · 절사(節祀) · 연시제(年始祭)로 한다.

● 제사의 봉사(奉祀) 대상
① 기제사는 조부모, 부모의 2대 봉사를 원칙으로 하고 제주가 승중(承重)한 조상
  은 제주 당대만 봉사할 수 있으며 또 무후(無後)한 친족은 최근친자가 제주 당
  대에 지낼 수 있다.
② 절사 · 연시제는 직계 조상을 대상으로 한다.

● 제사의 때와 장소
① 기제는 사망한 날 해진 뒤에 제주의 가정에서 지낸다(종손의 집).
② 절사는 매년 추석날 아침에 제주의 가정에서 지낸다(종손의 집).
③ 연시제는 매년 1월 1일 아침에 제주의 가정에서 지낸다(참가자 범위는 기제에
  준한다).

● 참사자의 범위
참사자는 직계 자손으로 한다.

● 제수(祭需)
제수는 고인이 생전에 좋아하던 간소한 반상음식으로 한다. 절사에는 송편, 연시

제에는 떡국으로 밥을 대신할 수 있다.

●**제사의 절차**

① 혼령 모시기 : 제주가 분향한 뒤 모사 그릇에 술을 붓고 참사자 일동이 신위 앞
　에 두 번 절한다.

② 잔 올리기 : 술잔은 한 번만 올린다.

③ 축문 읽기 : 축문을 읽은 후 일동 묵념한다.

④ 물림절 : 참사자 일동이 신위 앞에 두 번 절한다.

⑤ 제복은 평상복으로 한다.

●**신주의 폐지**

신주는 사진으로 대신하고 모든 신주(불천위(不遷位 : 큰 공훈으로 영구히 사당에 모
시는 것을 나라에서 허락한 신위)는 폐지한다(사진이 없는 경우에는 지방으로 대신한다).

●지방은 한글로 백지에 먹글씨로 쓴다.

03 일반적인 제사

(1) 제사의 종류

제사의 종류는 지역과 집안에 따라 다소 차이가 있으나 일반적으로는 기제와 사
시제 및 묘제로 구분된다.

기제는 해마다 제사의 대상이 세상을 떠난 날의 저녁에 지내는 제사로서 기제사
(忌祭祀)라고도 하는데, 흔히 제사라고 하면 이 기제를 가리킨다. 사시제는 철마다

충재 종택 정경부인 기제사

지내는 제사이고 묘제는 한식과 추석에 산소에 음식을 차려 놓고 지내는 제사를 말한다.

기제사와 차례의 차이점

내용 \ 종류	기제사	차례
제삿날	돌아가신 날	명절(설 · 추석)
시간	밤	아침
장소	장자손의 집	사당 · 집 · 묘지(묘제:한식 · 추석)
술	세 번	한 번
적	술을 올릴 때마다 올리고 내림	한 번에 올림
반갱	메와 갱	떡국 · 화전 · 송편 등의 명절음식
숭늉	올림	올리지 않음
촛불	켬	켜지 않음
합문 · 계문 · 축문	함	하지 않음

※ 기독교식 추도는 음식을 차리지 않음

옛날에는 매년 기일(忌日)에 4대조까지 기제를 지내는 경우가 많았으며 오늘날에도 그런 가정이 더러 있다.

(2) 지방(紙榜)

묘제를 비롯하여 위령제(慰靈祭), 추도식(追悼式) 및 연중 절사에는 지방을 쓰지 않으나, 기제와 설·추석에 지내는 차례(茶禮)에는 지방이 있어야 하고 사진이 있으면 지방으로 대신할 수도 있다.

지방은 가로 6cm, 세로 22cm 정도의 백지(한지)에 집안에서 내려오는 방식대로 격식을 차려 한문으로 써도 좋고 한글로 써도 좋다. 그러나 〈가정의례준칙〉에서는 한글을 권장하고 있으며 그 서식(書式)은 다음과 같다.

아버지	어머니	남편	아내	절사(節祀)의 경우	합사하는 경우	형님과 형수
아버님 신위	어머님 전주 이씨 신위	부군 신위	망실 밀양 박씨 신위	선조 여러 어른 신위	할아버님 신위 / 할머님 전주 이씨 신위 / 아버님 신위 / 어머님 밀양 박씨 신위	형 신위 / 형수 밀양 박씨 신위

한글로 지방 쓰는 법

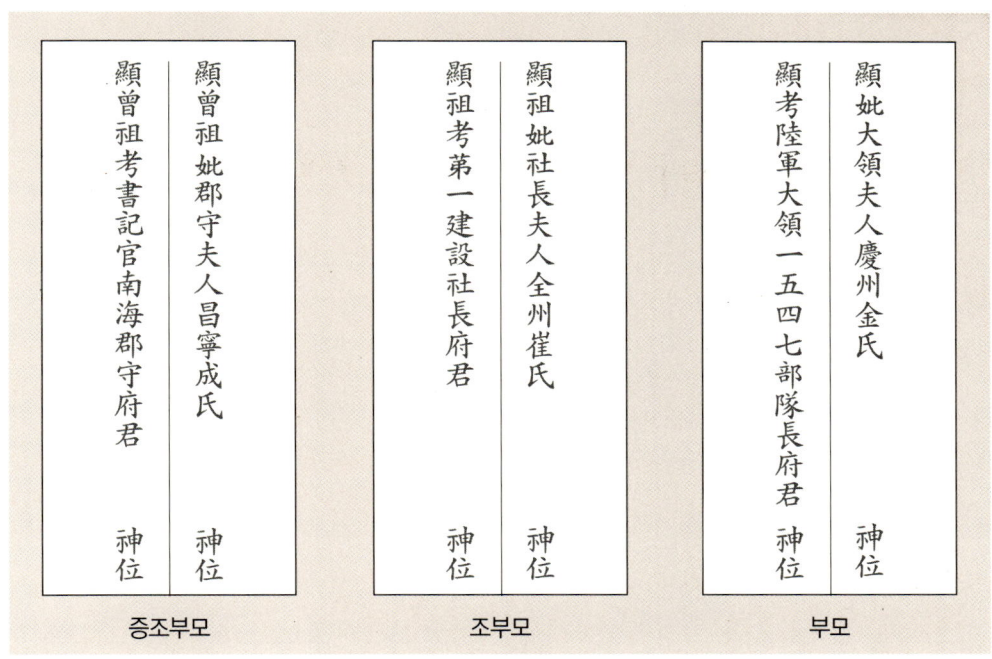

벼슬이 있을 경우 지방 쓰는 법

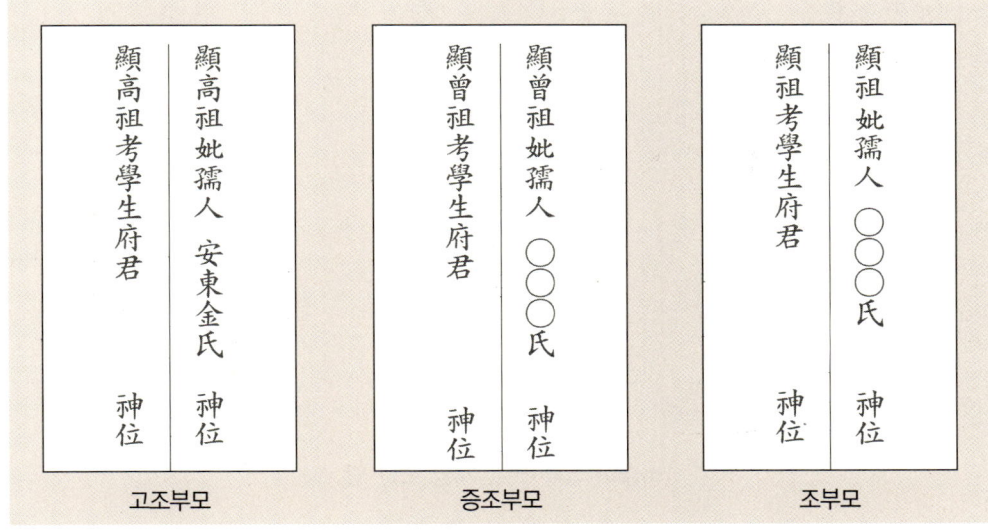

벼슬이 없을 경우 지방 쓰는 법

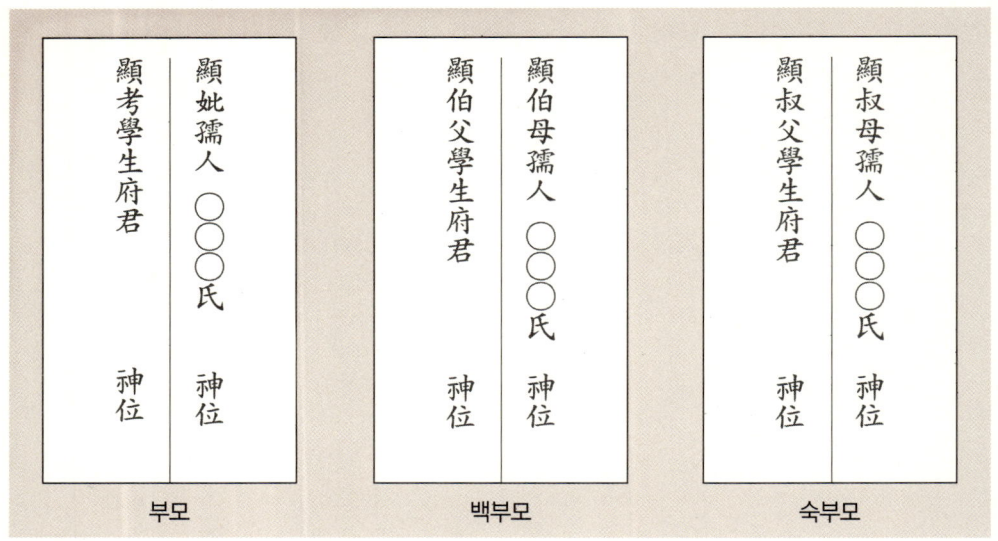

부모	백부모	숙부모

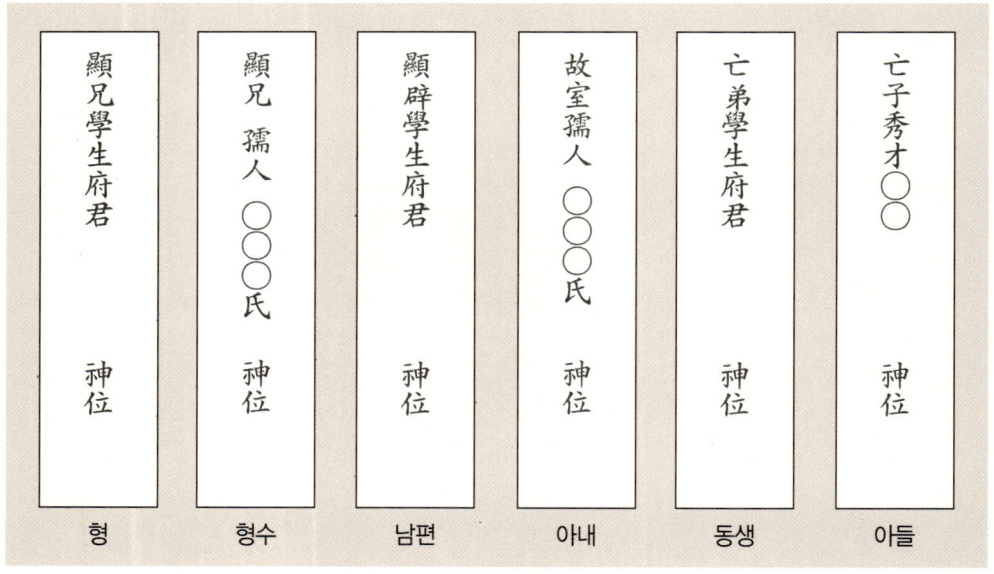

형	형수	남편	아내	동생	아들

벼슬이 없을 경우 지방 쓰는 법

(3) 제수(祭需)와 제기(祭器)

제사는 고인을 추모하는 마음에서 우러나오는 정성을 나타내는 것이므로 제수 역시 일반 가정에서 먹는 음식을 정성들여 마련하여 제상에 올리되 몇 가지 음식을 더 마련함이 좋을 것이고, 고인이 생전에 좋아하던 음식을 곁들이는 것이 바람직할 것이다.

제기도 제수 전용 제기 외에 통상적인 식기·탕기·대접을 써도 되지만 잔(盞)과 반(盤)은 신위의 수대로 준비하고 따로 강신 잔반을 한 쌍 더 준비한다.

제수를 진설(陳設)하는 방법은 지방과 집안에 따라 조금씩 다르나 일반적으로는 고인의 사진이나 지방을 맨 앞에 모시고 이를 중심으로 하여 첫줄에 밥과 술잔, 국그릇을 놓고, 둘째 줄에는 채소와 간장, 김치를 놓으며, 셋째 줄에는 어류(魚類)와 찌개, 육류(肉類)를 놓는다.

그리고 마지막 넷째 줄에는 과일을 나란히 놓고 제상 앞에 향로·향합·모사 그릇을 마련한다.

하서 종택 불천위 제사

● 현대 일반 제례의 절차도

신위봉안→초헌→독축→아헌→종헌→삽시→헌다→사신→철상→음복

● 차례상 순서

맨 앞줄에 과일, 둘쨋 줄에 포와 나물, 셋째 줄에 탕(湯), 넷째 줄에 적(炙)과 전(煎), 다섯째 줄에 밥과 갱을 차례대로 놓는다.

❺ 술잔과 송편을 놓는 줄 : 앞에서 볼 때 송편(떡국)은 우측에 술잔은 좌측에 놓는다. 시접(수저를 놓는 빈 대접)은 한 분을 모신 경우 왼쪽, 두 분을 모신 경우 중간에 올린다.

❹ 적과 전을 놓는 줄 : 보통 3적으로 육적(肉炙 · 고기류), 어적(魚炙 · 생선류), 소적(蔬炙 · 채소류)의 순서로 놓는다.

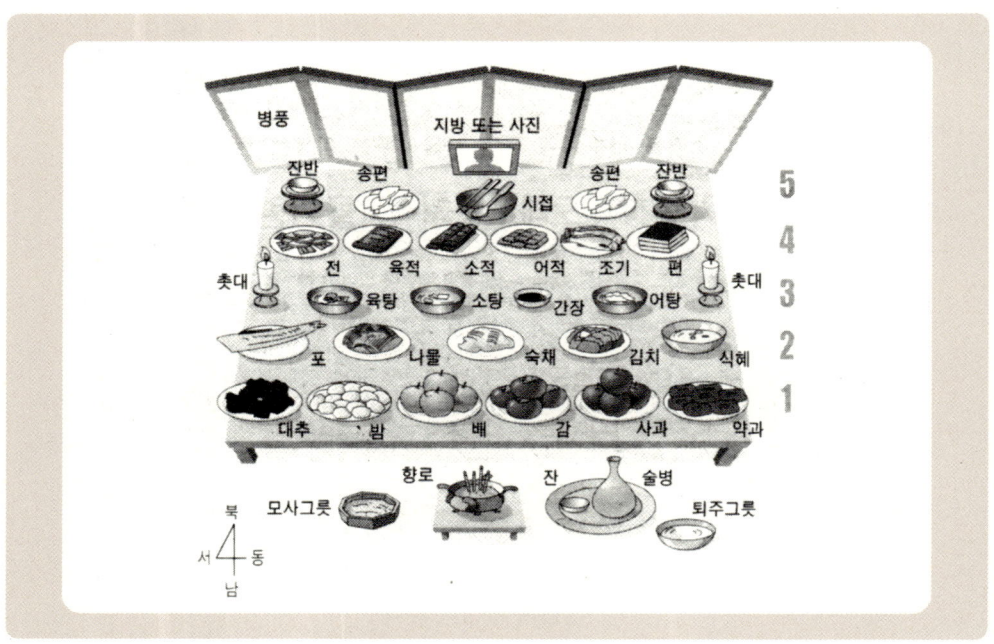

차례상 순서(메트로 2003년 9월 3일 수요일)

❸ 탕을 놓는 줄 : 보통 세 개의 탕을 만들어 육탕(肉湯 : 육류 탕), 소탕(蔬湯 : 두부 · 채소류 탕), 어탕(魚湯 : 어류 탕)의 순서로 놓는다.

❷ 찬을 놓는 줄 : 좌포우혜. 좌측 끝에는 포(북어 · 대구 · 오징어포)를 놓고, 우측 끝에는 식혜류(수정과)를 놓는다. 중간의 나물반찬은 콩나물 · 숙주나물 · 무나물 · 고사리 · 도라지나물을 쓰기도 한다.

❶ 과일 놓는 줄 : 홍동백서(紅東白西), 과일을 놓는다. 좌측부터 대추 · 밤 · 배(사과) · 감(곶감). 다른 과일들은 정해진 순서는 없으나 나무 과일, 덩굴 과일 순서로 놓고 과일 줄의 끝에는 과자류를 놓는다.

● **추석 차례상 차리는 법**

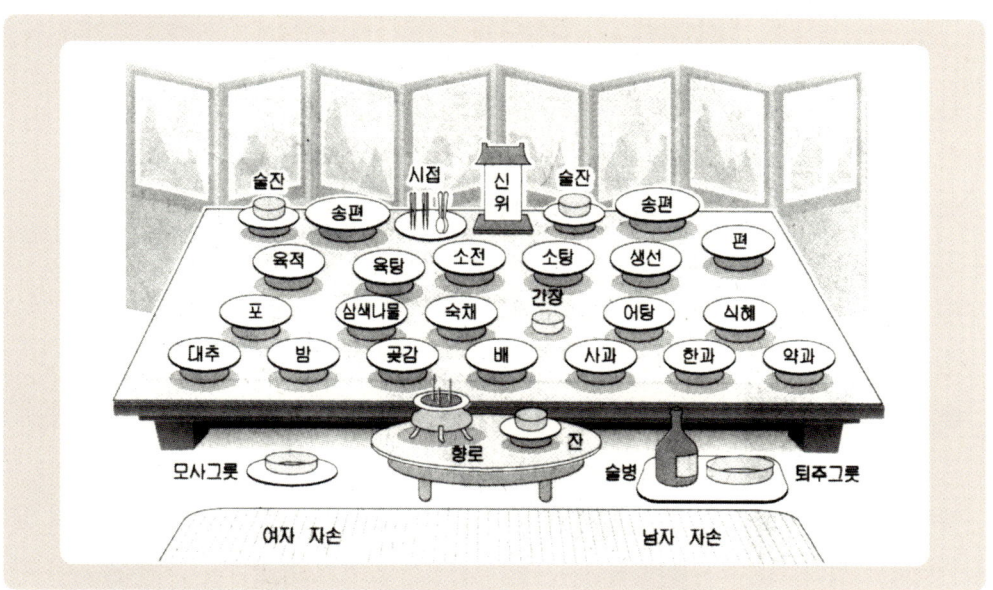

추석 차례상 순서(중앙일보 2001년 9월 28일)

● 추석 차례상 차리기 기준

제수를 진설할 때는 제사지내는 사람이 제상을 향해 섰을 때 오른쪽을 동쪽, 왼쪽을 서쪽으로 보고 진설한다.

1. **좌포우혜(左脯右醯)** : 포는 왼쪽, 식혜는 오른쪽.
2. **어동육서(魚東肉西)** : 어류는 동쪽, 육류는 서쪽.
3. **홍동백서(紅東白西)** : 붉은 색 과일은 동쪽, 흰색 과일은 서쪽.
4. **두동미서(頭東尾西)** : 생선의 머리는 동쪽, 꼬리는 서쪽으로 놓되, 생선의 배를 지방 쪽으로 놓는다.
5. **반좌갱우(飯左羹右)** : 메는 왼쪽, 국은 오른쪽.
6. **생동숙서(生東熟西)** : 날 것은 동쪽, 익힌 것은 서쪽.
7. **조율시이(棗栗柿梨)** : 서쪽부터 대추 · 밤 · 곶감 · 배의 순서로 놓는다. 가문에 따라 반대로 놓기도 한다.
8. **건좌습우(乾左濕右)** : 마른 것은 왼쪽에 젖은 것은 오른쪽에 놓는다.
9. **접동잔서(蝶東盞西)** : 접시는 동쪽에 잔은 서쪽에 놓는다.
10. **남좌여우(男左女右)** : 제사의 왼쪽은 남자(考位), 오른쪽은 여자(妣位).
11. **병동면서(餠東麵西)** : 떡은 동쪽, 국수는 서쪽.
12. **고비합설(考妣合設)** : 부부를 같이 모실 때는 시저 · 잔반 · 반 · 갱을 각각 놓는다.
13. **시접거중(匙楪居中)** : 수저 그릇은 열 중앙에 놓는다(한 분만 모시면 서쪽에 놓는다).
14. **잔반갱중(盞飯羹中)** : 술잔은 반과 갱 사이에 놓는다.

제수 준비는 한 항목에 적어도 2가지 이상 해야 하고, 많아도 5가지를 넘기지 않는다. 또한 삼치 · 갈치 · 꽁치 등 '치' 자로 끝나는 생선과 복숭아는 쓰지 않으며 추석에는 송편, 설에는 떡국을 쓴다.

상을 차리는 방법은 각 지방의 관습이나 풍속, 가문의 전통에 따라 조금씩 다르다. 각자의 형편과 사정에 맞게 간소하게라도 정성이 깃들어야 한다.

가정의례준칙 제찬도

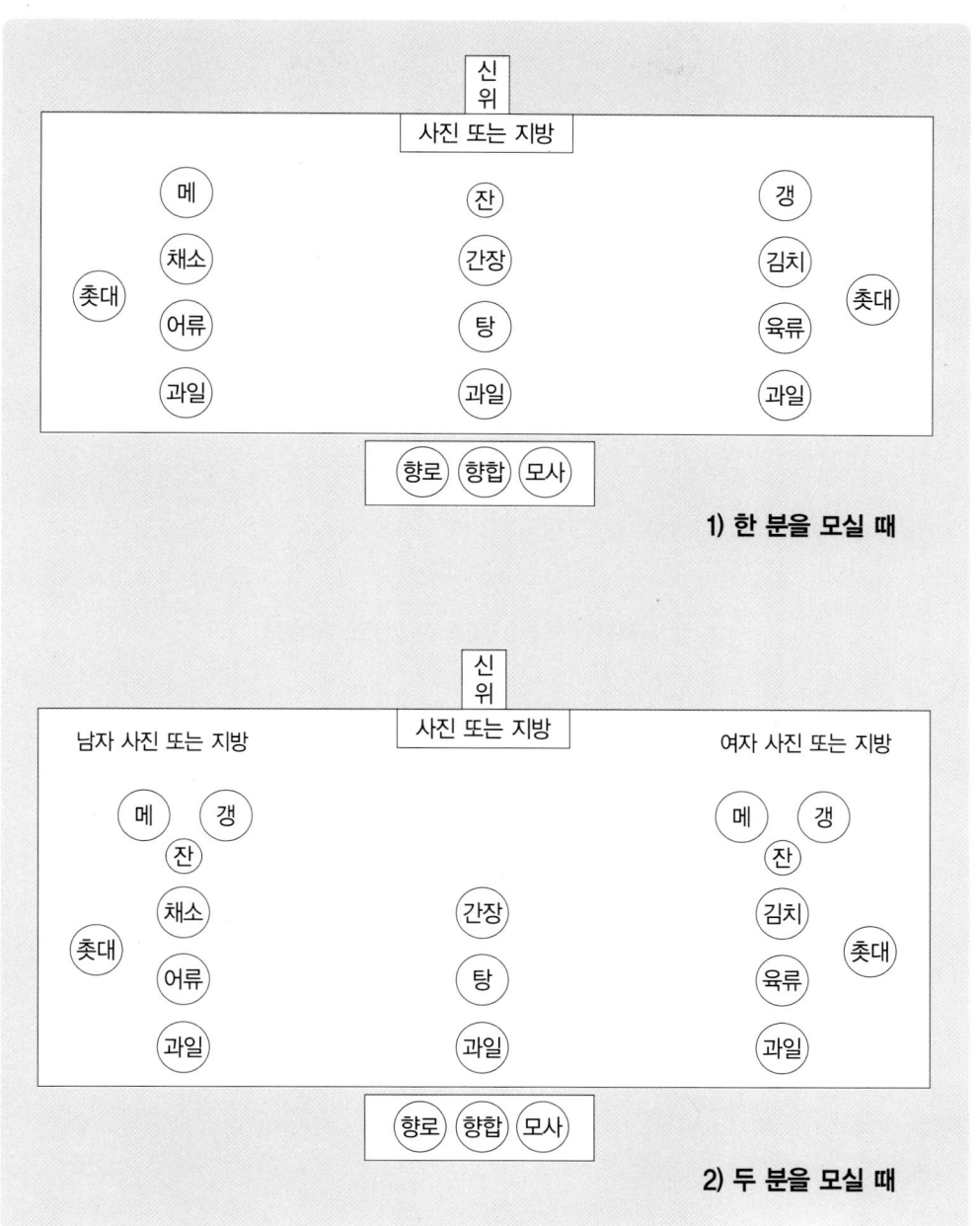

신위

사진 또는 지방

메　　　잔　　　갱

채소　　간장　　김치

촛대　어류　　탕　　육류　촛대

과일　　과일　　과일

향로 향합 모사

1) 한 분을 모실 때

신위

사진 또는 지방

남자 사진 또는 지방　　　　　　　　여자 사진 또는 지방

메　갱　　　　　　　　　　메　갱

잔　　　　　　　　　　　　잔

채소　　　간장　　　　　김치

촛대　어류　　　탕　　　육류　촛대

과일　　　과일　　　과일

향로 향합 모사

2) 두 분을 모실 때

주자가례 제찬도(朱子家禮 祭饌圖)

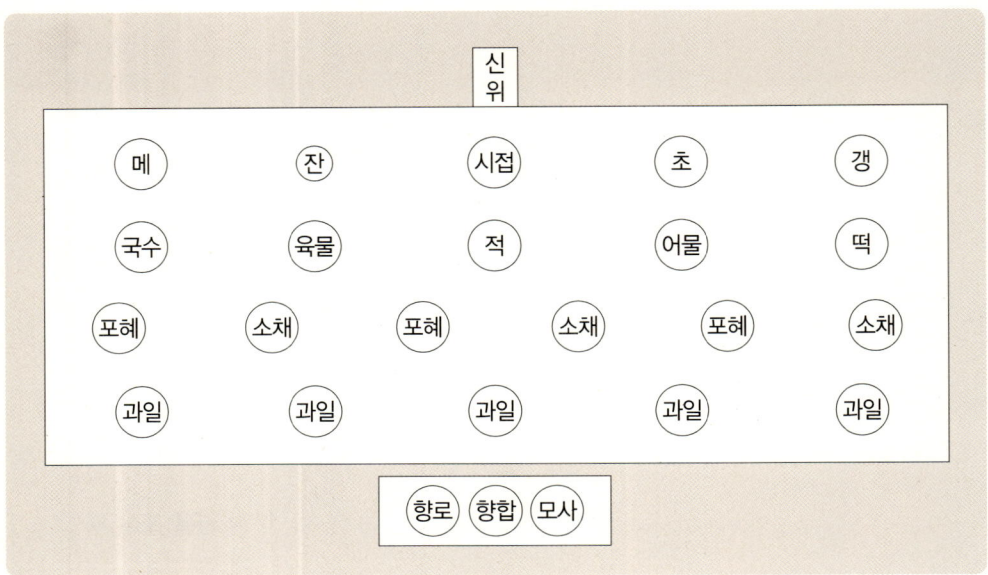

도암 사례편람 제찬도(陶岩 四禮便覽 祭饌圖)

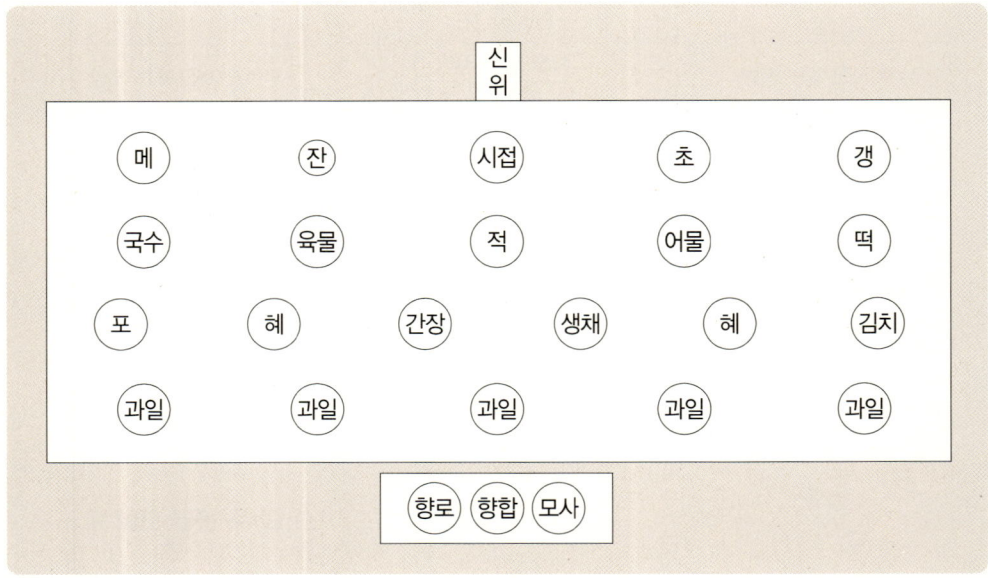

율곡 격몽요결 제찬도(栗谷 擊蒙要訣 祭饌圖)

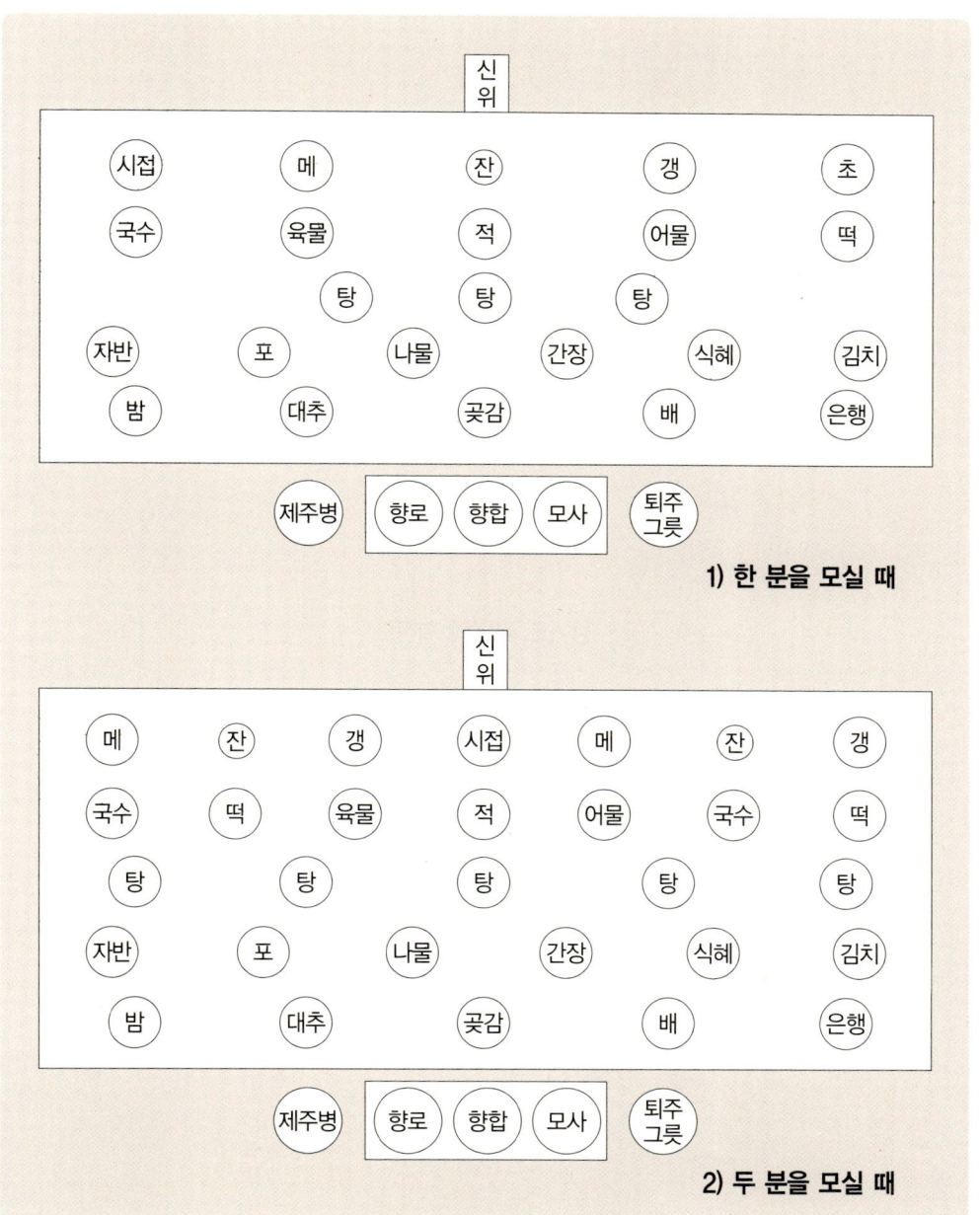

1) 한 분을 모실 때

2) 두 분을 모실 때

기제 제찬도(忌祭 祭饌圖)

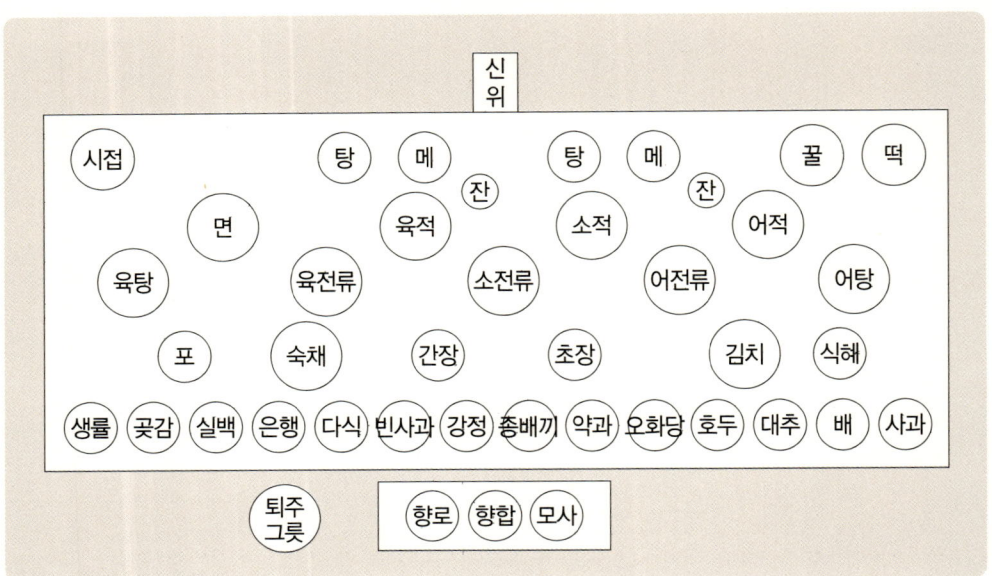

경기도 지방의 제찬도

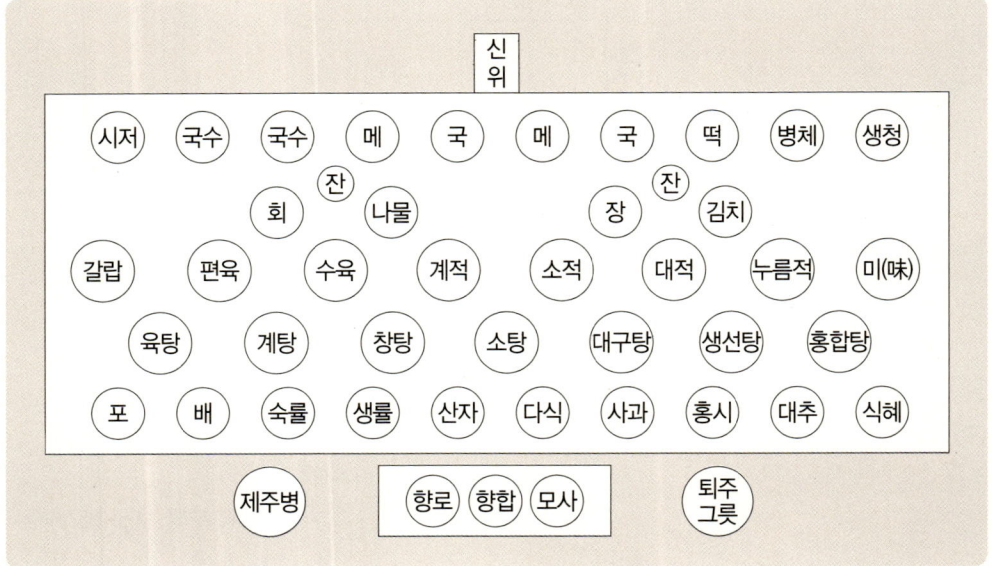

강원도 지방의 제찬도

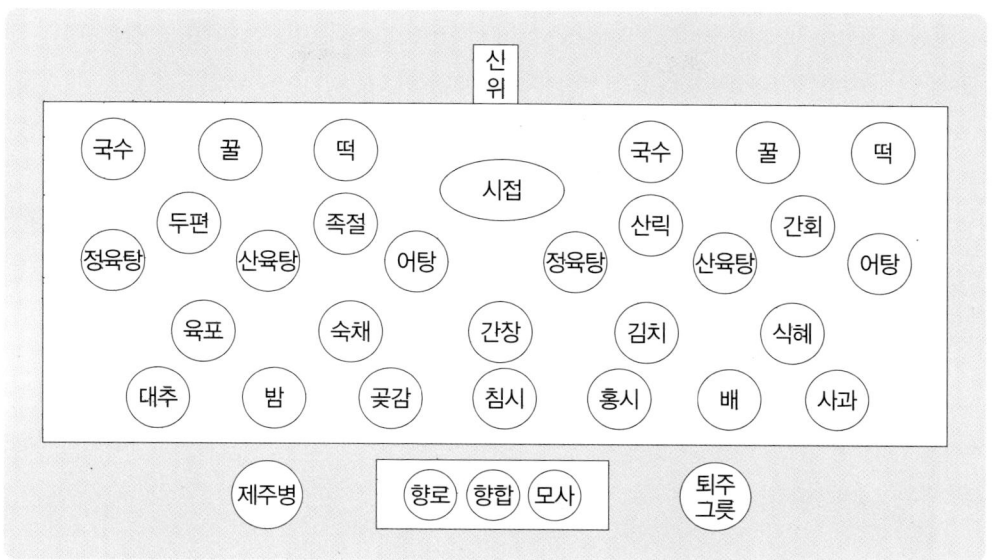

(4) 절차

　제주(祭主)는 고인의 장자가 되나 장자가 없을 때에는 장손이 되고, 장자나 장손이 없을 때에는 차자(次子) 또는 차손(次孫)이 제사를 주재한다. 무남독녀(無男獨女) 집안은 딸이 주재한다.

　그리고 상처(喪妻)했을 때는 남편이나 그의 자손이 제주가 되고, 자손이 없이 남편을 잃었을 때는 아내가 제주가 된다.

　제주 이외의 직계 자손이나 근친자(近親者)는 참사자(參祀者)가 되고, 전통적인 관습으로는 기제일이 되면 객지에 나가 있던 자손은 반드시 돌아와야 되며, 집에 있는 사람들도 손님을 맞이하지 않고 말이나 행동에 조심했었다.

　그렇지만 오늘날의 현실에서는 그것이 매우 어려운 일이므로, 피치 못할 사정으로 제사에 불참(不參)할 때에는 제사지내는 시간에 맞추어 고향을 향해 절을 하거나 묵념(默念)으로 대신할 수도 있다.

제사를 지낼 때에는 깨끗한 옷을 단정하게 차려 입는데, 양복 차림일 때는 와이셔츠에 넥타이를 매고 한복 차림일 때는 두루마기를 입는다.

● 현대 일반 제례의 절차

1. 신위 봉안(神位奉安)

병풍을 두른 앞에 제상을 놓는다. 제상 위에는 흰 종이를 깔고 제수를 진설한 뒤, 지방을 써서 붙인다. 제주가 분향하고 술잔에 술을 조금 따라 향불을 거쳐 모사에 술을 부은 후에 제주와 참사자 일동이 함께 신위 앞에 재배(再拜)한다. 제주가 여자일 때는 사배(四拜)하는데 이를 강신(降神)이라 한다.

초헌 헌작

2. 초헌(初獻)

고인에게 처음으로 술잔을 올리는 절차이다. 술잔을 두 손으로 받들고 향불 위에서 세 번 돌린 후 밥그릇과 국그릇 사이의 앞쪽에 놓는다. 집사가 있으면 좋으나 없으면 제주 혼자 해도 무관하다. 잔을 올린 뒤 재배한다.

3. 독축(讀祝)

초헌이 끝나면 제주는 축문을 읽고 재배한다. 축문을 읽는 동안 다른 참사자들은 모두 꿇어앉아 머리를 약간 숙이고 경건한 마음으로 듣는다.

아버지 제사 때 읽는 축문

○○년 ○월 ○일 아버님 신위 전에 삼가 아뢰옵나이다. 아버님께서 돌아가시던 날을 다시 맞으니 추모의 정을 누를 길이 없사옵니다. 이제 간소한 제수를 올리오니 강림하시어 흠향하시옵소서.

아내 제사 때 읽는 축문

○○년 ○월 ○일 당신의 신위 앞에 고합니다. 당신이 운명하던 날을 다시 맞으니 옛 생각을 누를 수 없습니다. 이에 간소한 제수를 올리니 흠향하소서.

4. 아헌(亞獻)

두 번째 잔을 올리는 절차이다. 독축이 끝나면 주부가 술잔을 올리고 네 번 절한다.

5. 종헌(終獻)

세 번째 잔을 올리는 절차이다. 제주의 근친자가 술잔을 올리고 재배한다.

6. 삽시(揷匙)

제수를 드시라는 의미로 숟가락을 밥에 꽂는데 바닥이 동쪽으로 향하도록 한다. 모든 참가자는 고개를 숙이고 묵념한다.

독축
(김국광 한식 묘사)

분향
(김국광 한식 묘사)

7. 헌다(獻茶)

　국을 제상에서 내리고 숭늉(혹은 냉수)을 올린다. 수저로 밥을 조금씩 세 번 떠서 물에 말은 다음 수저를 숭늉 그릇 위에 가지런히 놓고 잠시 몸을 구부리고 예를 드린 후에 물러난다.

연기군 안순근 씨 설 차례

8. 사신(辭神)

신을 전송하는 절차이다. 참사자 일동이 신위 앞에 재배한다. 안녕히 가시라는 작별의 인사이다.

9. 철상(撤床)

지방을 거두어 축문과 함께 불사르고 제수를 치운다.

10. 음복(飮福)

참사자들이 모여 조상께서 물려주시는 복된 음식을 먹는다. 음복을 함으로써 조상들로부터 복을 받는다고 믿는 속신(俗信)이 있었다. 미신적인 신앙관습이라 하여 음복하지 않는 이도 있다.

전폐례

제2장

종교별 제례
宗敎別 祭禮

01 천주교 미사

　천주교에서 행하는 미사는 예수의 「최후의 만찬」을 본받아서 진행하는 성제(聖祭)이다. 이 미사는 천주교 최대의 성찬 의식으로 천주를 찬미하고 속죄를 원하며 은총을 기도하는 일종의 제사라 할 수 있다.

　천주교에서는 장례를 치른 후 3일과 7일, 30일이 되면 연미사(현재는 위령 미사로 용어가 바뀌었음)를 올린다.

　또 첫 기일 소기(小朞 : 소상) 때에는 위령 미사를 올리고 유가족이 다 같이 고해 성사(告解聖事)와 성체 성사(聖體聖事)를 받도록 권유하고 있다.

　위령미사는 연옥(煉獄)에 있는 모든 영혼을 위해 드리는 기도이며, 고해 성사란 일곱 가지 성사의 하나로, 세례를 받은 신자가 범한 죄를 뉘우치고 천주(天主)의 대리자인 사제(司祭)에게 고백하여 용서를 받는 일이고 성체 성사란 성체 배령의 성사를 말한다.

　기일이 돌아오면 온 가족이 성당에서 위령 미사를 올리는 것이 원칙이다. 가족뿐만 아니라 가까운 일가 친척 및 교우들에게도 연락하여 미사에 참례할 수 있도록 한다.

행사가 끝나면 사제와 참석자들에게 감사의 인사를 드려야 하며, 미사에 따른 봉헌 예물을 바쳐야 하는데 이는 일종의 제물이다.

한편, 추도 미사에 참례하는 사람들에게는 간소한 음식을 대접하기도 한다.

특히 고인을 위하여 미사를 드리는 일은 「파티마의 성모」께서 부탁하신 일이라 하여 근래에는 성당에서 크게 강조하고 있다.

천주교에서는 11월 2일이 '위령의 날'로서 일반의 묘제(墓祭)에 해당하는 날이다. 추사이망첨례(追思己亡膽禮)라 하여 교우(敎友)들이 단체로 묘지에 찾아가서 고인의 영혼을 위하여 미사를 올리고 기도를 드린다.

《한국 가톨릭 지도서》에 다음과 같은 설명이 있다.

『교우들이 일년 중 어떤 날을 택하여 묘지를 찾아가 타인들이 성묘하는 날 잔디를 입히거나 잡초를 뽑는 것은 관계없다. 될 수 있는 한 교우들이 추사이망첨례 날에 묘지를 방문할 것이다. 특히 교우 묘지가 있으면 이 날 단체로 묘지를 방문함이 좋은 풍속이다. 서양에서는 이 날 냉담한 자도 다 묘지에 모이고 그 묘지와 관계가 없는 교우들도 모두 모인다.』

02 기독교 추도식

기독교에서는 제사를 지내지 않는다. 그렇다고 고인을 추모(追慕)하지 않는다는 뜻이 아니고, 다만 고인을 신격화하여 숭배하지 않는다는 것으로 그 까닭은 신은 오로지 하나님 한 분뿐이기 때문이다.

따라서 고인의 기일이 되면 온 가족과 친지들이 모여서 주례 목사를 초청하거나 장로 또는 집사가 주례(主禮)가 되어 다음과 같은 순서로 추도식을 갖는다.

- 찬송(讚頌) : 주례 목사가 임의로 선택하는데, 대개 찬송가 470장(내 평생에 가는 길)이나 543장(저 높은 곳을 향하여)을 모두 함께 부른다.

- 기도(祈禱) : 주례 목사가 대표로 한다. 기도 내용은 고인을 생각하고 유족(遺族)들이 슬픔에만 잠겨 있지 말고, 하늘 나라의 영광을 바라보며 위안과 소망(所望)을 갖게 해달라는 것이다.

- 성경 낭독(聖經朗讀) : 주례 목사가 〈열왕기 상(上)〉 2장 1절에서 3절까지, 〈잠언〉 3장 1절에서 10절까지, 〈누가복음〉 16장 19절에서 31절까지, 〈요한 계시록〉 21장 1절에서 8절까지 봉독(奉讀)한다.

- 찬송 : 대개 찬송가 469장(내 영혼의 그윽히 깊은 데서), 534장(세월이 흘러가는데)을 함께 부른다.

- 기념 추도(紀念追悼) : 주례 목사가 고인의 생전 행적이나 유훈(遺訓)을 말한다.

- 묵도(默禱) : 일동이 소리를 내지 않고 마음 속으로 약 3분 동안 기도를 드린다.

- 찬송 : 찬송가 539장(이 몸의 소망 무엔가), 545장(하늘 가는 밝은 길이)을 모두 함께 부른다.

- 주기도문(主祈禱文) : 주기도문이란 예수가 모범 기도로서 제자들에게 가르친 기도문을 말하며, 추도식에 참례한 모든 사람이 함께 또는 스스로 낭송(朗誦)한다.

– 기독교 추도식의 성경 낭독 예문 –

- 열왕기상 2장 1절~3절 다윗이 죽을 날이 임박하매 그 아들 솔로몬에게 명하여 가로되 내가 이제 세상 모든 사람의 가는 길로 가게 되었노니 너는 힘써 대장부가 되고 네 하나님 여호와의 명을 지켜 그 길로 행하여 그 법률과 계명과 율례와 증거를 모세의 율법에 기록된 대로 지켜라. 그리하면 네가 무릇 무엇을 하든지 어디로 가든지 형통할찌라.

- 잠언 3장 1절~10절 내 아들아 나의 법을 잊어버리지 말고 네 마음으로 나의 명령을 지켜라. 그리하면 그것이 너로 장수하여 많은 해를 누리게 하며 평강을 더하게 하리라. 인자와 진리로 네게서 떠나지 않게 하고 그것을 네 목에 매여

네 마음판에 새기라. 그리하면 네가 하나님과 사람 앞에서 은총과 귀중히 여김을 받으리라. 너는 마음을 다하여 여호와를 의뢰하고 네 명철을 의지하지 말라. 너는 범사에 그를 인정하라. 그리하면 네 길을 지도하시리라. 스스로 지혜롭게 여기지 말찌어다. 여호와를 경외하며 악을 떠날찌어다. 이것이 네 몸에 양약이 되어 네 골수로 윤택하게 하리라. 네 재물과 네 소산물의 처음 익은 열매로 여호와를 공경하라. 그리하면 네 창고가 가득히 차고 네 즙틀에 새 포도즙이 넘치리라.

● **누가복음 16장 19절~31절**   한 부자가 있어 자색 옷과 고운 베옷을 입고 날마다 호화로이 연락하는데 나사로라 이름한 한 거지가 헌데를 앓으며 그 부자의 대문에 누워 부자의 상에서 떨어지는 것으로 배불리려 하매 심지어 개들이 와서 그 헌데를 핥더라. 이에 그 거지가 죽어 천사들에게 받들려 아브라함의 품에 들어가고 부자도 죽어 장사되매 저가 음부에서 고통 중에 눈을 들어 멀리 아브라함과 그의 품에 있는 나사로를 보고 불러 가로되 아버지 아브라함이여 나를 긍휼히 여기사 나사로를 보내어 그 손가락 끝에 물을 찍어 내 혀를 서늘하게 하소서. 내가 이 불꽃 가운데서 고민하나이다. 아브라함이 가로되 얘 너는 살았을 때에 네 좋은 것을 받았고 나사로는 고난을 받았으니 이것을 기억하라. 이제 저는 여기서 위로를 받고 너는 고민을 받느니라. 이뿐 아니라 너희와 우리 사이에 큰 구렁이 끼어 있어 여기서 너희에게 건너가고자 하되 할 수 없고 거기서 우리에게 건너 올 수도 없게 하였느니라. 가로되 그러면 구하노니 아버지여 나사로를 내 아버지의 집에 보내소서 내 형제 다섯이 있으니 저희에게 증거하게 하여 저희로 이 고통받는 곳에 오지 않게 하소서. 아브라함이 가로되 저희에게 모세와 선지자들이 있으니 그들에게 들을찌니라. 가로되 그렇지 아니하니이다. 아버지 아브라함이여 만일 죽은 자에게서 저희에게 가는 자가 있으면 회개하리이다 가로되 모세와 선지자들에게 듣지 아니하면 비록 죽은 자 가운데서 살아

나는 자가 있을찌라도 권함을 받지 아니하리라 하였다 하시니라.

● **요한 계시록 21장 1절~8절**   또 내가 새 하늘과 새 땅을 보니 처음 하늘과 처음 땅이 없어졌고 바다도 다시 있지 않더라. 또 내가 보매 거룩한 성 예루살렘이 하나님께로부터 하늘에서 내려오니 그 예비한 것이 신부가 남편을 위하여 단장한 것 같더라. 내가 들으니 보좌에서 큰 음성이 나서 가로되 보라 하나님의 장막이 사람들과 함께 있으매 하나님이 저희와 함께 거하시리니 저희는 하나님의 백성이 되고 하나님은 친히 저희와 함께 계셔서 모든 눈물을 그 눈에서 씻기시매 다시 사망이 없고 애통하는 것이나 곡하는 것이나 아픈 것이 다시 있지 아니하리니 처음 것들이 다 지나갔음이러라. 보좌에 앉으신 이가 가라사대 보라 내가 만물을 새롭게 하노라 하시고 또 가라사대 이 말은 신실하고 참되니 거룩하라 하시고 또 내게 말씀하시되 이루었도다 나는 알파와 오메가요 처음과 나중이라 내가 생명수 샘물로 목마른 자에게 값 없이 주리니 이기는 자는 이것들을 유업으로 얻으리라. 나는 저의 하나님이 되고 그는 내 아들이 되리라. 그러나 두려워하는 자들과 믿지 아니하는 자들과 흉악한 자들과 살인자들과 행음자들과 술객들과 우상 숭배자들과 모든 거짓말 하는 자들은 불과 유황으로 타는 못에 참예하리니 이것이 둘째 사망이라.

● **새 주기도문**   하늘에 계신 우리 아버지, 아버지의 이름을 거룩하게 하시며 아버지의 나라가 오게 하시며, 아버지의 뜻이 하늘에서와 같이 땅에서도 이루어지게 하소서. 오늘 우리에게 일용할 양식을 주시고, 우리가 우리에게 잘못한 사람을 용서하여 준 것같이 우리 죄를 용서하여 주시고, 우리를 시험에 빠지지 않게 하시고, 악에서 구하소서. 나라와 권능과 영광이 영원히 아버지의 것입니다. 아멘(마태 6:9~13)

03 불교 추도식

불교에서는 고인의 명복을 비는 재(齋)로 49재와 백일재가 있고, 소기(小朞)와 대기(大朞)를 맞이하거나 고인의 생일을 맞이하면 절에서 추도식을 올린다.

위패를 절에 모실 경우, 유가족이 어떤 사정에 의해서 참석하지 못해도 절에서 기일과 생일에 맞추어 재를 올려 준다.

추도식 절차

- 개식(開式) : 사회(司會)를 맡은 법사(法師)의 개식 선언으로 시작한다.
- 삼귀의례(三歸依禮) : 불(佛) · 법(法) · 승(僧)의 삼보(三寶)에 돌아가 의지한다는 예를 베푼다.
- 독경(讀經) : 법회(法會)를 주재하는 법주(法主)가 《반야심경(般若心經)》을 봉독(奉讀)한다.
- 묵도(默禱) : 참례자 모두가 방에 들어가 앉아서 드린다.
- 추도문 낭독(追悼文朗讀) : 고인의 약력 보고와 함께 추도문을 읽는다.
- 추도사(追悼辭) : 법주가 고인의 추도와 유족의 위안을 겸하여 읽는다.
- 감상(感想) : 참례자 중의 대표가 나와서 유족과 친지들에게 위로의 말을 한다.
- 소향(燒香) : 유족이 먼저 분향하고 다음에 참례자들이 한다.
- 답사(答辭) : 감상의 답례로 유족 대표가 나와서 한다.
- 폐식(閉式) : 법사가 선언한다.

반야심경(般若心經)

〈반야심경〉은 대승불교 반야사상의 핵심을 담은 경전으로, 완전한 명칭은 〈마하반야바라밀다심경(摩訶般若波羅蜜多心經)〉이다. 여기서 '마하'는 크다, 뛰어나다, '반야'는 지혜를 뜻하며, '바라밀다'는 저 언덕, 즉 지혜와 광명이 가득한 부처의 세계를 상징한다. '심'은 정수·핵심을 뜻하며, '경'은 경전, 즉 부처님의 말씀, 진리의 말씀으로 풀이 된다. 따라서 〈반야심경〉은 "뛰어난 지혜로 부처의 세계에 이르는 핵심의 경전"이라고 풀이할 수 있다.

이 경전은 수백 년에 걸쳐서 편찬된 반야 경전의 중심 사상을 260자로 함축시킨 것으로, 그 중심 사상은 공(空)이다. 〈반야심경〉은 불교의 모든 경전 중 가장 짧은 것에 속하며, 우리나라 불교 의식에서는 반드시 독송된다.

觀自在菩薩 行深般若波羅蜜多時
관 자 재 보 살　행 심 반 야 바 라 밀 다 시

관세음보살이 깊은 반야바라밀다를 행할 때,
다섯 가지 쌓임이

照見五蘊皆空 度一切故厄
조 견 오 온 개 공　도 일 체 고 액

모두 공한 것을 비추어 보고
온갖 괴로움과 재앙에서 벗어났느니라.

舍利子 色不異空 空不異色
사 리 자　색 불 이 공　공 불 이 색

사리자여!
물질이 허공과 다르지 않고,

色卽是空 空卽是色
색 즉 시 공　공 즉 시 색

허공이 물질과 다르지 않아서,
물질이 곧 허공이요, 허공이 곧 물질이니라.

受想行識 亦復如是
수 상 행 식　역 부 여 시

느낌과 생각과 생성과 의식 또한 그러하니라.

舍利子 是諸法空相 不生不滅
사 리 자　시 제 법 공 상　불 생 불 멸

사리자여!
이 모든 법의 공한 모습은
생겨나지도 않고 없어지지도 않으며,

不垢不淨 不增不減
불구부정 부증불감

더럽지도 않고 깨끗하지도 않으며,
늘지도 않고 줄지도 않느니라.

是故 空中無色 無受想行識
시고 공중무색 무수상행식

그러므로 공 가운데는 물질도 없고
느낌과 생각과 생성과 의식도 없으며,

無眼耳鼻舌身意
무안이비설신의

눈과 귀와 코와 혀와 몸과 뜻도 없으며,

無色聲香味觸法 無眼界
무색성향미촉법 무안계

빛과 소리와 냄새와
맛과 접촉과 법도 없으며,

乃至 無意識界
내지 무의식계

눈의 경계도 없고
의식의 경계까지도 없으며,

無無名 亦無無名盡 乃至 無老死
무무명 역무무명진 내지 무노사

무명도 없고 또한 무명이 다함도 없으며,
늙고 죽음도 없고

亦無老死盡 無苦集滅道 無智亦無得
역무노사진 무고집멸도 무지역무득

또한 늙고 죽음이 다함도 없으며,
괴로움과 괴로움의 원인인 집과

以無所得故 菩提薩埵
이무소득고 보리살타

괴로움이 없어진 멸과 괴로움을 없애는
길도 없으며, 지혜도 없고 얻음도 없느니라.

依般若波羅蜜多故 心無罣碍
의 반야바라밀다고 심무가애

원래 얻을 것이 없는 까닭에
보살은 반야바라밀다에 의지하므로

無罣碍故 無有恐怖
무가애고 무유공포

마음에 걸림이 없고
걸림이 없으므로 두려움이 없어

遠離顚倒夢想 究竟涅槃
원리전도몽상 구경열반

뒤바뀐 헛된 생각에서 멀리 떠나
마침내 열반에 들어간다.

三世諸佛 依般若波羅蜜多故
삼세제불 의반야바라밀다고

과거 현재 미래의 모든 부처님께서도
이 반야바라밀다를 의지하므로

得阿耨多羅 三藐三菩提
득아뇩다라 삼먁삼보리

그 이상 위가 없는 최상의 진리를
바르게 깨우쳤느니라.

故知 般若波羅蜜多
고지 반야바라밀다

그러므로 반야바라밀다는

是大神呪 是大明呪 是無上呪
시대신주 시대명주 시무상주

가장 신비스러운 주문이며,
가장 밝은 주문이며,
가장 높은 주문이며,

是無等等呪
시무등등주

동등함이 없는
주문이어서

能除一切苦 眞實不虛
능제일체고 진실불허

능히 일체의 괴로움을 없애 주며
진실하여 허망하지 않음을 알아라.

故說 般若波羅蜜多呪 卽說呪曰
고설 반야바라밀다주 즉설주왈

그러므로 이제 반야바라밀다 주문을 설하노니,
주문은 곧 이러하니라.

'제체 제체 파라제체 파라승제체 보제 사파하'
揭諦 揭諦 波羅揭諦 波羅僧揭諦 菩提 娑婆訶
아제 아제 바라아제 바라승아제 모지 사바하 (3번)

04 일반 추도식(一般追悼式)

　고인이 사회적으로나 공익적(公益的)인 면에서 이바지한 공로가 지대(至大)한 때에는 고인의 가족과 친지들, 그리고 고인을 따르던 사람들이나 사회 단체 등의 발기(發起)로 고인을 위한 추도식을 올리게 된다. 추도식에서는 개인별로 분향 배례한 다음에 유족들에게 인사를 하는데, 이때에는 엄숙하고 정중(鄭重)해야 하며 옷차림도 간소하고 깨끗한 검은 색 계통의 옷을 입는 것이 좋다.

　추도식 장소는 대개 강당(講堂)이나 묘소 앞에서 행하며 제물(祭物)은 차려 놓지 않고 다음과 같은 순서로 식을 진행한다.

- 개식(開式) : 사회자의 선언으로 시작한다.
- 묵념(默念) : 모든 참석자가 약 1분 동안 고인의 명복(冥福)을 빈다. 만약 묘소 앞이면 묵념 대신 절을 하기도 한다.
- 약력 보고(略歷報告) 및 추도사(追悼辭) : 생전에 고인과 절친하게 지냈던 사람이 한다.
- 추도가(追悼歌) : 고인을 추도하는 노래(합창 또는 독창)나 주악(奏樂)을 연주한다.
- 분향(焚香) : 추도식에 참석한 모든 사람들이 차례대로 분향한다.
- 폐식(閉式) : 사회자의 선언으로 추도식을 마친다.

05 위령제(慰靈祭)

　위령제는 죽은 사람의 영혼을 위로하고 추모하는 제사이다.

　전쟁이나 지진, 홍수 따위의 천재지변(天災地變) 등의 사고로 많은 생명이 희생되었을 때 합동으로 지내는 것이 보통이다.

위령제를 지낼 때는 제단(祭壇)에 향로를 마련하고 고인들의 지방이나 사진을 모시는데, 의식은 개식 · 묵념 · 위령사 낭독 · 추도가 · 분향 · 폐식의 순서로 진행된다.

그러나 이 의식의 순서는 종교적인 면에서 다소 차이가 있다. 예컨대 유교식(儒敎式)이면 전(奠)을 마련하고, 천주교식이면 위령 미사를 올리며, 기독교식이면 찬송과 성경 낭독이 있고, 불교식이면 스님의 주도하(主導下)에 진행된다.

교육인적자원부에서 제정한 의례의 식순은 다음과 같다.

① 제례 거행 선언

② 주악

③ 일동 경례

④ 사건의 개략적인 보고

⑤ 추모사

⑥ 분향 헌작

⑦ 일동 경례

⑧ 주악

⑨ 예필 선언

이 식순은 어떤 제례에도 공통적으로 사용할 수 있도록 하였다. 이 의식에서 신위는 사진이나 영정, 또는 신주나 지방을 모신다.

위령제나 추도식에서 분향, 헌작의 의식 때 연고자나 대표자를 몇 명으로 제한하여 혼잡을 막고 시간을 절약하는 것이 바람직할 것이다.

위령제에 참석자는 검정색 양복이나 흰색 한복으로 정장하는 것이 예의이다.

제3부

요약
전통 제례

제1장 전통 제례(傳統 祭禮)

전통 제례
傳統 祭禮

---

01 유래(由來)와 의의(意義)

우리나라에 제사가 언제부터 조상 숭배의 의식으로 가틀을 잡았는지 분명하지 않다. 그러나 씨족사회 때부터 조상의 영혼을 섬김으로써 후손의 번성을 기원하고, 재앙을 예방하기 위해 행해졌던 제사는 조선시대에 들어와서 유교 문화와 더불어 전래된 ≪주자가례(朱子家禮) : 중국 명(明)나라 때, 구준(丘濬)이 가례에 관한 주자의 학설을 수집하여 만든 책. 문공가례(文公家禮)라고도 하고 가례(家禮)라고도 한다≫에 의해서 제례의 형식이 정형화된 것으로 보여진다.

예(禮)를 모든 것의 근본으로 하는 성리학(性理學)에 바탕을 둔 ≪주자가례≫는 조선 오백 년 동안 우리의 조상 숭배 사상을 보편화시키는 데 절대적인 역할을 하였고, 가신(家神) 신앙으로 승화하여 백성들의 사고 구조에까지 그 뿌리를 내리게 되었다. 그러나 그 의식 절차가 지나치게 까다롭고 복잡하여 후손들아 진실한 공경심보다는 형식에 치우쳐서 가산을 탕진하는 허례허식의 폐해도 적지 않았다.

제례는 본디 조상에 대한 숭앙심과 추모에 뜻이 있으나, 요즘 일부에서는 나의 근본인 조상에 대한 최소한의 도의심마저 고갈되어 가고, 일 년에 한 번 돌아오는 기일(忌日)마저도 명분없는 이유를 내세워 조상의 은덕에 감사하기는커녕 일편의 성의도 우러나지 않을 정도로 타락되어 가고 있다. 조상이 있기에 자신이 있는 것이므로 조상의 은혜에 성심으로 감사할 줄 아는 진정한 추모의 정을 지니는 참 인간의 양심을 망각해서는 안 될 것이다.

예로부터 우리나라는 오대봉사(五代奉祀)로 종손집 장남이 제사를 지내왔다. 조선시대까지는 사회적인 신분에 따라 제사지내는 범위에 차이가 있었는데 곧 3품관(三品官) 이상은 고조부모까지 4대를 제사지냈으나 일반 서민들은 부모에게만 제사를 지냈었다.

그러던 중 조선조 고종(高宗) 31년(1894) 갑오년의 갑오경장(甲午更張)으로 인하여 신분 제도가 폐지된 후에는 신분에 구애됨이 없이 누구나 고조부모에게까지 제사를 지내게 되었다. 그 후 몇 차례 개정된 〈가정의례준칙〉에 의하여 조부모까지만 제사지낼 것을 권장하고 있으나 흔히 증조부모까지 지내는 경우도 있다.

02 제사(祭祀)의 종류

가장 일반적으로 통용되는 ≪가례(家禮)와 사례편람(四禮便覽) : 조선 영조 때의 학자 이재(李縡)가 관혼상제의 제도 및 절차에 관한 요점을 가려 편찬한 책. 현종 10년에 간행되었다. 8권 4책≫에 수록되어 있는 우리 나라의 대표적인 제사의 종류로는 사당제(祠堂祭)·사시제(四時祭)·기제(忌祭)·이제(禰祭)·묘제(墓祭) 등 다섯 가지로 구분되어 있고 그 밖의 제사로는 사갑제(祀甲祭)·생신제(生辰祭)·연중 절사(年中節祀) 등이 있다.

또한 전통 장례에서 상중(喪中)의 우제·소상·대상·담제·길제까지의 제사는 장례를 지낸 후 신주를 집으로 모셔와 제사를 지내면서 탈상할 때까지의 제사를 이른다.

이처럼 많은 제사를 〈가정의례준칙〉에서는 기제 · 절사 · 연시제의 3가지만 허용하고 있다.

(1) 사당제(祠堂祭)

사당은 조상들의 신주(영혼)를 모셔 놓고 제사를 지내는 곳으로, 사람이 운명하면 궤연(几筵)에 혼백 신주를 모시고 탈상 때까지 조석 상식(朝夕上食)의 제사를 지내다가 3년상이 끝나면 궤연의 영좌를 치우고 신주를 사당으로 모신다.

사당은 세 칸의 규모로 짓는데, 가정 형편이 여의치 못하면 한 칸으로 짓는다. 사당의 위치는 정침(正寢)의 동쪽으로 하고 앞을 남쪽, 뒤를 북쪽으로 한다.

사당 안에는 다섯 개의 시렁을 매고 벽은 벽돌이나 널빤지, 바닥은 널빤지를 깔고 그 위에 돗자리를 깐다. 각 칸마다 네 쪽의 문을 만들어 여닫게 한다.

사당 안 북쪽 벽에 네 개의 감실(龕室 : 신주를 모셔 두는 장)을 만들고 그 안에 탁자를 한 개씩 설치한다.

신주는 독(櫝)에 넣어 탁자 위에 모시며 앞을 남쪽으로 향하게 하며, 서쪽에서부터 동쪽으로 고조고비위(高祖考妣位), 증조고비위(曾祖考妣位), 조고비위(祖考妣位), 고비위(考妣位)의 순으로 모신다.

이것을 4대조만 모신다 하여 사대 봉사(四代奉祀)라고 하며 5대조부터는 묘제(墓祭)로 모신다.

감실 앞에는 각각 발을 치고 향탁(香卓)을 놓고 그 위에 향로와 향합을 놓는다.

종손(宗孫)은 매일 동틀 무렵 사당에 문안을 드리고(신알례 晨謁禮), 외출할 때나 돌아왔을 때[出入禮] 반드시 사당에 고하여야 했다. 또 설날과 동지, 초하룻날과 보름날에는 참례(參禮)라 하여 제사를 지냈고, 계절에 따라 생선이나 과일, 햇곡식으로 만든 음식을 먼저 사당에 올리고(천신례 薦新禮), 집안에 관례(冠禮) · 혼례(婚禮)가 있을 때나 자손이 과거에 급제하였을 때 등에 고하는 고사례(告祀禮)도 있었다.

(2) 사시제(四時祭)

사시제란 계절마다 지내는 제사로 보통 '시제'라고 하며 춘하추동 계절에 따라 1년에 4번 지내던 제사이다. 계절의 가운뎃달[仲朔]이라는 음력 2월·5월·8월·11월 상순의 정일(丁日)이나 해일(亥日) 중에서 택일하여 제사지낸다.

시제를 모시는 대상은 4대까지의 조상, 곧 고조고비(高祖考妣)·증조고비(曾祖考妣)·조고비(祖考妣)·고비(考妣)까지이며, 5대조 이상은 한 번 제사를 지낸다(歲一祭).

제사 전 3일 동안은 재계(齋戒)한다. 제사 하루 전날에는 정침을 깨끗이 청소하고 신주(神主)를 모실 자리를 갖춘다. 방 한가운데 향탁(香卓)을 놓고 그 위에 향합(香盒 : 향을 담는 합. 놋쇠나 사기), 촛대를 놓고 밤새도록 촛불을 밝혀두며 제삿날이 밝으면 아침 일찍 제주 이하 모든 참사자가 제복을 입고 사당으로 나가 분향한 후 신주를 받들어 정침으로 모신다.

신위는 고조고비를 정침의 제일 북쪽에 모시고 다음으로 증조고비·조고비·고비의 순서로 모시며, 고위(考位)는 서쪽 탁자에, 비위(妣位)는 동남쪽 탁자에 모신다. 이어서 참신(參神)·강신(降神)·전찬(進饌)·종헌(終獻)을 하고 축관이 축문을 읽는다.

축문의 내용 중에서 기서유역(氣序流易) 다음 구절인 시유정조(時維正朝)는 계절에 따라서 봄이면 시유중춘(時維仲春), 여름이면 시유중하(時維仲夏), 가을이면 시유중추(時維仲秋), 겨울이면 시유중동(時維仲冬) 등으로 바꾸어 쓴다.

또한 불승영모(不勝永慕)는 대상이 고비위(考妣位)일 때에는 호천망극(昊天罔極)이라고 쓴다.

사시제 축문(四時祭祝文)

維歲次己未 二月庚申朔 初三日癸亥 孝玄孫 某
유세차기미 이월경신삭 초삼일계해 효현손 모

敢昭告于
감소고우

顯高祖考學生府君
현고조고학생부군

顯高祖?孺人金海金氏 氣序流易 時維正朝 追遠感
현고조비유인김해김씨 기서유역 시유정조 추원감

時 不勝永慕 謹以 淸酌庶羞 祗薦歲事 尙
시 불승영모 근이 청작서수 지천세사 상

饗
향

[해설] 기미년 이월 초삼일 현손 모는 고조부모님 두 분의 영전에 삼가 아뢰옵니다. 계절이 바뀌어 때는 바야흐로 이월 초사흗날 아침이오며, 멀리 돌이켜 생각하오니 온갖 생각이 그지없사옵나이다. 삼가 맑은 술과 여러 가지 음식을 공손히 바쳐 제사를 올리오니 흠향하소서.

고조고비의 독축이 끝나면 이어서 각 신위에게 차례로 독축하고 아헌·종헌·첨작(添酌)을 한 후에 합문(闔門)·계문(啓門)·사신(辭神)을 하고 납주(納主 : 제사 후 신주를 감실(龕室)에 들여놓는 것)하면 상을 물리고 음식을 나누어 먹는다. 《사례편람》에서는 가장 중시하였으나 근래에는 대부분 시제를 지내지 않는 경우가 많다.

(3) 기제(忌祭)

기제는 고인이 돌아가신 날 지내는 제사인데, 보통 제사라 하면 이 기제를 말한다.

기제의 대상은 《주자가례(朱子家禮)》에 따라 4대 즉, 고조까지를 종가(宗家)에서 지내고, 5대조 이상은 기제를 폐하고 매년 시월에 문중의 친척들이 시향(時享)으로 지낸다.

기제의 4대 봉사(奉祀)는 부모 즉, 고(考)와 비(妣)의 기일을 따라 매년 8회를 지내나, 상처(喪妻) 후에 재취비(再娶妣)를 들인 경우는 한두 차례 더 지낸다. 또 공신(功臣)으로 봉작을 받은 불천지위(不遷之位 : 큰 공훈으로 영구히 사당에 모시는 것을 나라에서 허락한 신위)가 계신다면 4대가 넘어도 계속해서 시제와 기제를 동시에 지낸다. 따라서 많게는 연간 10여 회가 넘을 수도 있다.

두 분이 모두 사망했을 경우의 기제는 합사(合祀)하는 것을 원칙으로 한다. 《예서(禮書)》에 따르면 부부가 각기 따로 기제를 지낸다 하였으나, 《정자가례(程子家禮 : 중국 송(宋)나라 때의 유학인인 정호(程顥)·정이(程頤) 형제가 가례(家禮)에 관하여 쓴 책)》에는 각기 모시는 것이 원칙이나 두 분을 같이 모시게 됨을 인정(人情)이라 하여 지금까지 함께 지내게 된 것으로 전해지고 있다.

기제를 지내려면 제삿날의 2, 3일 전에 목욕재계(沐浴齋戒)하고 제사 전날에는 제수(祭需)를 마련한다.

본래 기제는 매년 임종한 날 닭이 울기 전 즉, 전날 밤 12시에서 1시 사이에 지내는 것이 원칙이나, 그 전날 모든 음식의 준비를 마치게 되므로 요즈음은 자정까지 기다리지 않고 지내는 경우가 대부분이다.

그러나 〈가정의례준칙〉 제40조에는 '기제는 별세한 날 일몰(日沒) 후 적당한 시간에 지낸다'고 명시했다.

제주는 고인의 장자 또는 장손이 되며, 장자·장손이 없을 경우는 차차 또는 차손이 된다.

자손이 없을 경우에는 가까운 친족이 지낸다. 상처한 경우에는 남편이나 그의 자손이, 자손이 없이 남편을 잃은 경우에는 아내가 제주가 된다.

아내상의 경우 자식이 있어도 남편이, 자식상의 경우에는 손자가 있어도 아버지가 주제(主祭)가 된다.

제사의 참례자는 고인의 직계 자손이며, 가까운 친척, 친지도 참례할 수 있다. 부득이 참례하지 못할 경우에는 다른 곳에서 묵념으로 고인을 추모하는 것도 도리이다.

요즘의 신위(神位)는 고인의 사진으로 대신하는데, 옛법에서는 지방(紙榜)으로 하였다. 지방은 깨끗한 백지에 먹으로 쓰며 길이 22cm, 폭 6cm 정도로 한다.

본디 지방은 식지·중지·무명지의 세 손가락 넓이를 한 위(位)의 폭으로 한다. 이는 천·지·인(天·地·人) 삼재(三才)의 원리를 뜻한다. 길이도 제주로부터 3대까지는 가깝지만, 증조와 고조는 거리가 있다고 해서 식지·중지·무명지의 세 손가락을 모아서 아래에 3번, 위에 2번 만큼의 길이를 더하는 것을 원칙(原則)으로 한다. 이로써 5대의 예(禮)를 나타낸다. 양위(兩位)를 함께 쓸 때는 「현(顯)」 자에서부터 가운데를 세로로 분리시켜서 남녀가 유별(有別)함을 나타낸다.

지방을 꾸미느라고 상단 모서리를 약간 오려 내는 경우가 있는데, 이는 조상의 안면 상부(上部)를 난도질하는 것과 비유되어 절대 금해야 한다.

축문은 신명(神明) 제위(祭位)께 간소한 제수이지만 흠향하시라는 뜻을 고하는 글이다. 따라서 그 내용을 잘 알 수 없는 한문보다 한글로 알기 쉽게 쓰는 것도 좋을 것이다.

顯妣孺人安東金氏　神位

顯高學生府君　神位

지방(紙榜)을 쓰는 법 : 양위(兩位)를 함께 쓸 때는 「현(顯)」 자에서부터 가운데를 세로로 분리시켜서 남녀가 유별(有別)함을 나타낸다.

벼슬이 없을 경우 지방 쓰는 법

기제시의 체복(祭服)으로는 남자의 경우 바지와 저고리, 조끼, 마고자 위에 두루마기를 입고 옥색 도포를 입으며 머리에는 갓을 썼다.

여자의 경우는 3년상 이내에는 소복을 하나 기제에는 옥색으로 만든 천담복(淺淡服)을 입으며 머리는 낭자에 민족두리를 쓰되 패물은 몸에 지니지 않는다.

1. 지방(紙榜)

지방이란 종이로 만든 신주(神主)로, 지방을 쓸 때는 목욕재계하고 의관(衣冠)을 정제(整齋)한 다음 단정히 꿇어앉아서 써야 한다.

지방의 문구 중에서 고(考)는 부(父)와 같은 뜻으로 아버지가 돌아가신 후에는 '고' 라 하며, 비(妣)는 모(母)와 같은 뜻으로 어머니 사후(死後)에는 '비' 라 한다.

돌아가신 아버지에게 관직(官職)이 있으면 관직을 쓰고 관직이 없으면 처사(處士)나 학생(學生)이라고 쓴다.

또한 어머니에게도 생전의 봉호(封號 : 왕이 봉하여 내려준 호)가 있으면 봉호를 쓰고 봉호가 없을 때에는 '유인모관모씨(孺人某貫某氏)', 예를 들면 '유인함평이씨(孺人咸平李氏)' 라고 쓴다.

18세 미만에 세상을 떠난 자식은 '망자수재(사)(亡子秀才(士))' 라 쓰고 남편은 '현벽(顯辟)' 백중숙부모는 '백중숙부모(伯仲叔父母) 또는 백중숙고비(伯仲叔考妣)' 라고 쓴다.

지방은 합사(合祀)인 때는 남좌여우(男左女右)로 쓴다.

지방은 깨끗한 백지(한지)에 먹을 갈아 붓글씨로 쓰며 길이는 22cm, 너비는 6cm 정도로 하면 된다. 지방 쓰는 법은 다음과 같다.

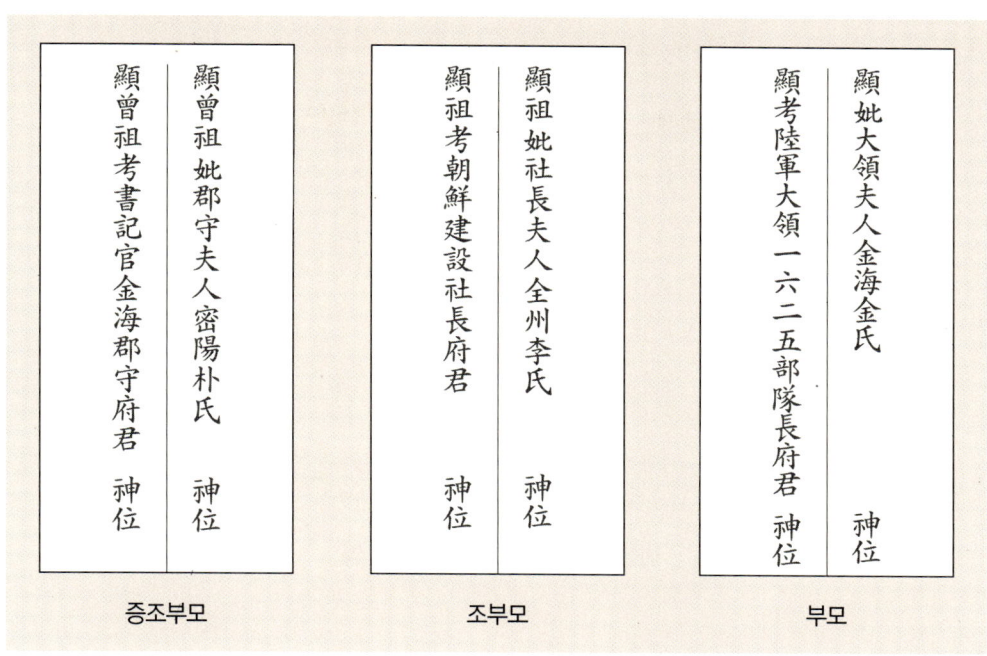

顯考陸軍大領一六二五部隊長府君　神位　顯妣大領夫人金海金氏　神位

부모

顯祖考朝鮮建設社長府君　神位　顯祖妣社長夫人全州李氏　神位

조부모

顯曾祖考書記官金海郡守府君　神位　顯曾祖妣郡守夫人密陽朴氏　神位

증조부모

벼슬이 있을 경우 지방 쓰는 법

顯伯父學生府君　神位　顯伯母孺人○○○氏　神位

백부모

顯考學生府君　神位　顯妣孺人○○○氏　神位

부모

顯祖考學生府君　神位　顯祖妣孺人○○○氏　神位

조부모

顯曾祖考學生府君　神位　顯曾祖妣孺人○○○氏　神位

증조부모

顯高祖考學生府君　神位　顯高祖妣孺人安東權氏　神位

고조부모

벼슬이 없을 경우 지방 쓰는 법

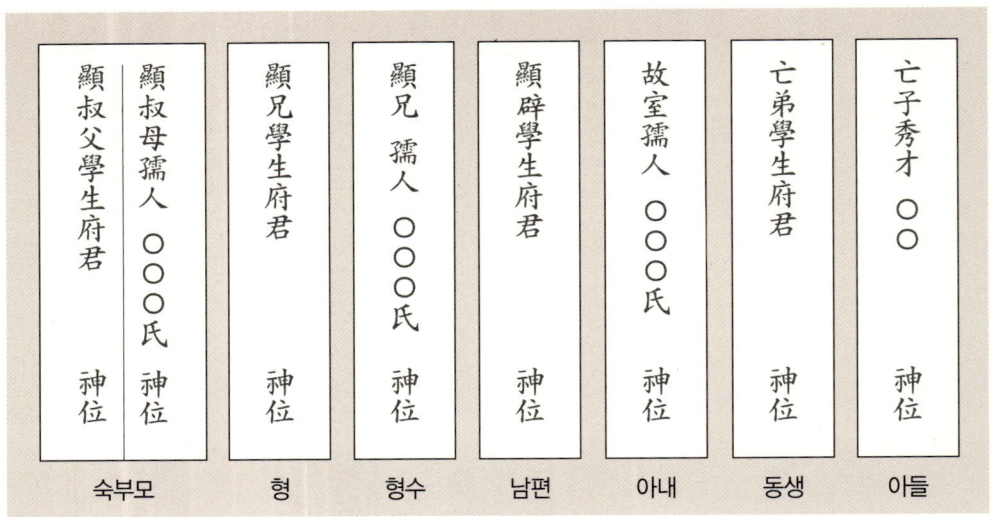

顯叔父學生府君 顯叔母孺人 ○○○氏 神位	顯兄學生府君 神位	顯兄 孺人 ○○○氏 神位	顯辟學生府君 神位	故室孺人 ○○○氏 神位	亡弟學生府君 神位	亡子秀才 ○○ 神位
숙부모	형	형수	남편	아내	동생	아들

벌슬이 없을 경우 지방 쓰는 법

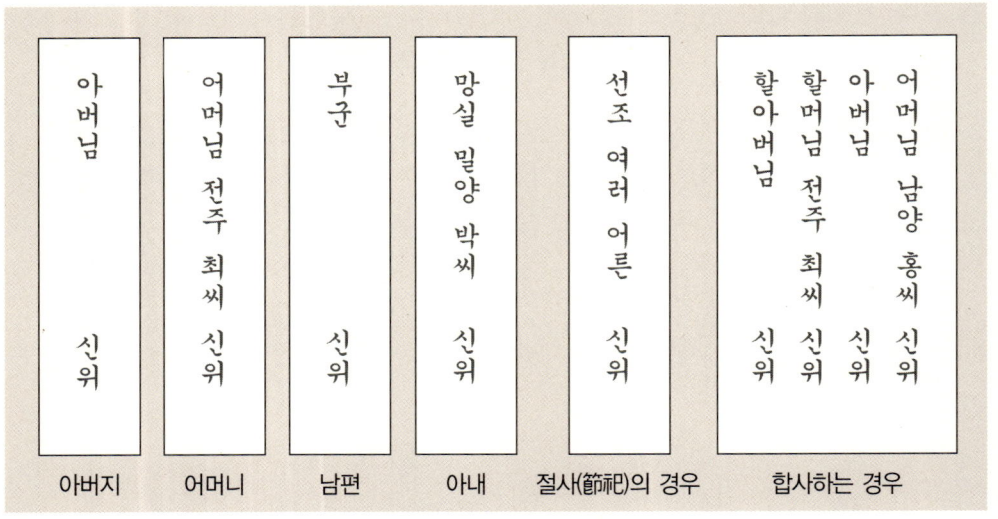

아버님 신위	어머님 전주 최씨 신위	부군 신위	망실 밀양 박씨 신위	선조 여러 어른 신위	어머님 남양 홍씨 신위 아버님 신위 할머님 전주 최씨 신위 할아버님 신위
아버지	어머니	남편	아내	절사(節祀)의 경우	합사하는 경우

한글로 지방 쓰는 법

2. 제수 준비(祭需準備)

제수란 제사에 쓰이는 제물(祭物)로 깨끗하게 차려야 한다. 따라서 제수를 차리는 주부나 그 밖의 사람들은 정결(精潔)하게 하는 것이 좋다.

주부는 제삿날 며칠 전부터 제사에 대한 계획을 세우고 제수의 종류와 수량, 제주(祭酒) 등 여러 가지에 대해서 집안 어른들과 의논해야 하고, 제사에 써야 할 제구(祭具)도 모두 꺼내어 깨끗이 닦아 놓아야 한다. 즉 제주는 제상(祭床) · 교의(交椅) · 탁자 · 병풍 · 돗자리 등을 꺼내어 청소하고, 주부는 향로와 향합 · 모사 그릇 · 제기(祭器) 등을 꺼내어 깨끗하게 닦는다.

이 같은 일들을 미리 해놓으면 제삿날에 집안도 깨끗할 뿐더러 일에 부닥쳐도 당황하지 않고 순조롭게 처리(處理)할 수 있을 것이다.

● 제구(祭具)

제사에 쓰이는 여러 기구를 말하며, 다음과 같은 것들이 있다.

① 제상(祭床)

제수를 진설하는 상(床). 120×80cm 정도의 넓이가 적당하지만 요즈음에는 일반 교자상도 무방하다.

② 향상(香床)

향로 · 향합 · 모사기 등을 올려 놓는 작은 상

③ 주독

신주를 모시어 두는 나무 궤

④ 신주(神主) : 위패(位牌)

고인의 위(位)를 모시는 나무패. 길이는 8치(약 24cm), 폭은 2치(약 6cm) 정도로 대개 밤나무로 만든다. 나무 대신 종이로 만든 것은 지방(紙榜)이라고 한다.

⑤ 교의(交椅)

신주나 위패를 모시는 의자. 제상과 높이가 같아야 하지만 요즈음에는 보통 제상

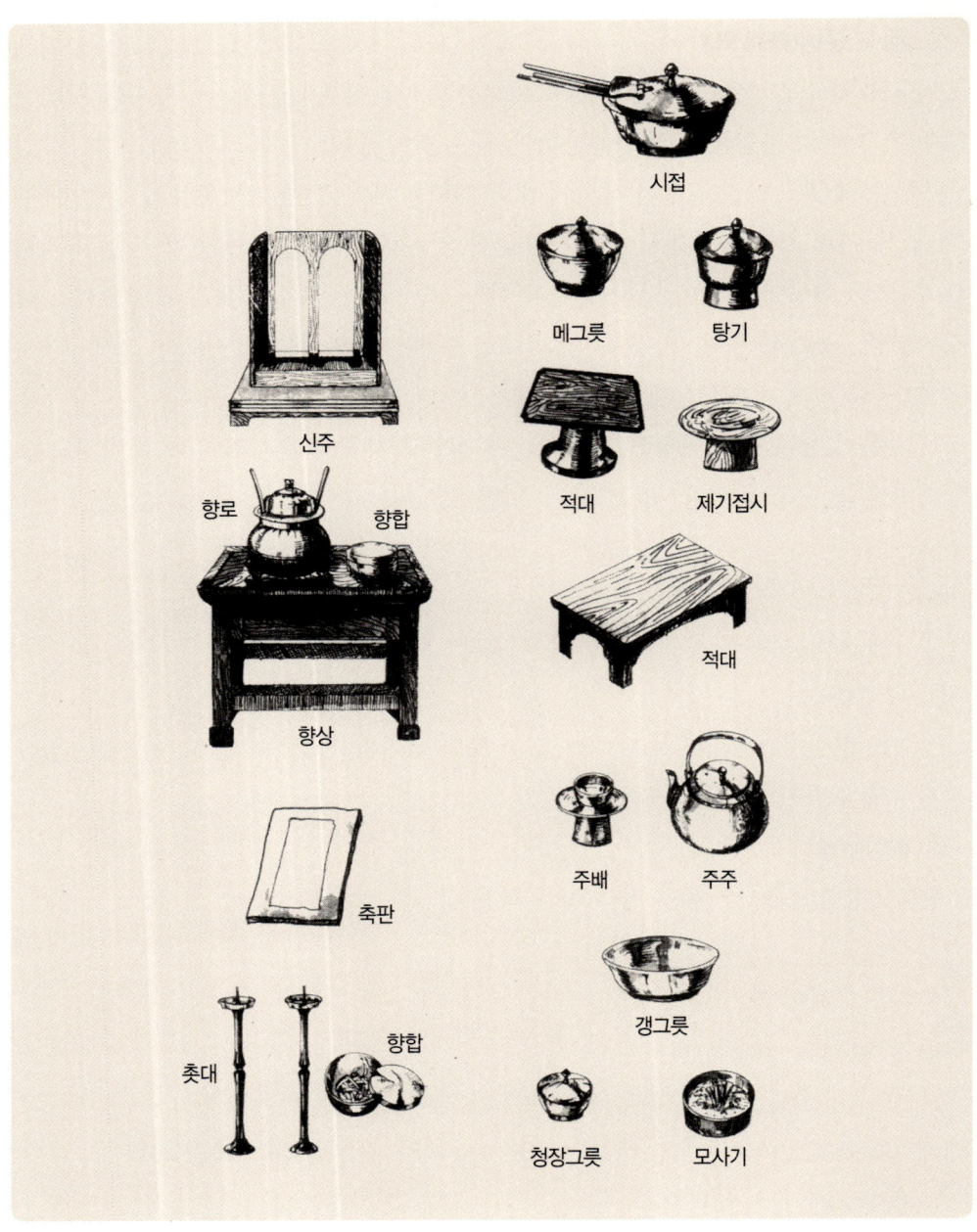

시접

메그릇　　　탕기

신주

적대　　　제기접시

향로　　　향합

적대

향상

주배　　　주주

축판

갱그릇

촛대　　향합

청장그릇　　　모사기

제례용구

위에 모시므로 따로 준비하지 않아도 된다.

⑥ **향로(香爐)**

향을 피우는 작은 그릇

⑦ **향합(香盒)**

향을 피우는 작은 화로

⑧ **촛대**

촛불을 켜놓는 받침대로 한 쌍

⑨ **병풍(屛風)**

그림이 아닌 글씨로 된 병풍을 사용하며 제상 뒤에 둘러친다.

⑩ **축판(祝板)**

축문을 올려놓는 판

⑪ **돗자리**

두 장을 준비하여 한 장은 제상 밑에 깔고 또 한 장은 제상 앞에 깐다.

● 제기

제기는 제사에 쓰이는 그릇을 말하며 다음과 같은 것들이 있다.

① **시접(匙楪)**

수저를 올려놓는 제기로 대접과 비슷하게 생겼다.

② **탕기(湯器)**

탕과 국을 담는 그릇으로 여러 모양이 있다.

③ **두(豆)**

김치와 젓갈을 담는 그릇. 나무로 굽이 높고 사각형이다.

④ **병대(餠臺)**

떡을 담는 제기. 위판이 사각형이다.

⑤ **변(邊)**

과실과 건육을 담는 제기. 굽을 높게 하여 대나무로 엮어서 만들었다.

⑥ 모사기(茅沙器)

모래와 띠의 묶음을 담는 그릇. 강신 때 뇌주를 여기에 붓는다. 이것은 땅을 상징하는 것으로 묘제에서는 땅에다 바로 뇌주를 붓게 되므로 모사기를 쓰지 않는다.

⑦ 준항

술을 담는 목이 긴 놋쇠 병

⑧ 준작

술 항아리의 일종으로 소 모양과 코끼리 모양 등이 있으며 작은 새부리 모양으로 생겨 술을 따르는 데 쓰인다.

⑨ 적대(炙臺)

적(炙)을 올리는 그릇으로, 나무로 만들었으며 발이 달려 있다.

⑩ 조(俎)

고기를 담는 그릇으로 도마 모양의 발이 달려 있다.

제수로는 소상과 대상에는 오탕 오적(五湯五炙)이나 삼탕 삼적, 편·포·유과·당속(糖屬)·실과 등을 장만하고, 제삿날에는 굽이 높은 접시에 기본이 되는 제물과 함께 진설한다.

오탕 오적 및 삼탕 삼적과 그 밖의 제물은 다음과 같다.

● 메(밥)와 갱(羹 : 국)

● 오탕(五湯) : 소탕(素湯 : 고기를 넣지 않고 맑은 장에 끓인 국)·육탕(肉湯 : 고깃국)·어탕(魚湯 : 생선국)·봉탕(鳳湯 : 닭국)·잡탕(굴·대합·두부)·좌반(佐飯 : 미역·콩잎·어·육 등)

● 오적(五炙) : 소적(素炙 : 두부와 북어 등으로 만든 적)·육적·어적·봉적·채소적 등 5∼7 꼬챙이, 초헌에 3, 아헌에 2, 종헌에 2 꼬챙이를 쓴다.

● 삼탕(三湯) : 소탕 · 육탕 · 어탕

● 삼적(三炙) : 소적 · 육적 · 어적

● 어물(魚物) : 생선

● 육물(肉物) : 간회 또는 천엽 · 육회

● 채소(菜蔬) : 삼색(三色) 나물로 시금치 · 고사리 · 도라지

● 침채(沈菜) : 나박김치

● 저채(菹菜) : 생김치

● 청장(淸醬) : 진하지 않은 간장

● 작(酢) : 식초

● 청밀(淸蜜) : 꿀 · 조청

● 혜(醢) : 식혜

● 편 : 떡

● 숙채(熟菜) : 무나물 · 콩나물 · 숙주나물 등

● 포(脯) : 북어 · 건대구 · 건문어 · 건전복 · 건상어 · 암치(소금에 절여 만든 암민
   어) · 오징어 · 육포

● 유과류(油果類) : 산자 · 채소 강정 · 매작 강정 등 조과(造果)와 엽과(葉果)

● 당속류(糖屬類) : 옥춘 · 오화당 · 빙당 · 각당 · 원당 · 매화당 등 설탕에 졸여서
   만든 것

● 다식(茶食) : 녹말 · 송화(松花) · 검은깨 등의 가루를 다식판에 박아 만든 유밀과

● 정과(正果) : 연근 · 생강 · 과실 등을 꿀에 절인 것

● 실과(實果) : 생실과와 숙실과(熟實果). 밤 · 대추 · 곶감 · 배 · 은행 등 3~5가지

● 제주(祭酒) : 청주

● 경수(更水) : 숭늉

제사에 쓰이는 음식에는 기름이나 깨의 양념은 사용하나 고춧가루 · 파 · 마늘 등

을 넣지 않으며, 집안 형편에 따라서는 많은 음식을 장만하기도 하나 너무 형식에 치우치거나 허례 허식은 삼가는 것이 좋을 것이다.

제물의 진설이 끝나면 곧 지방을 붙이고 향불을 피움으로써 제사가 시작된다.

3. 제수 진설(祭需陳設)

제수 진설의 순서와 위치는 가문과 지방에 따라 조금씩 다르며 양위(兩位)를 모실 때에는 합설(合設)하는 것을 원칙으로 한다.

● 주자가례 제찬도(朱子家禮祭饌圖)

제수를 진설할 때는 제사지내는 사람이 제상을 향해 섰을 때 오른쪽을 동쪽, 왼쪽을 서쪽으로 보고 진설한다. 지방이나 사진 등 신위는 북쪽에 모신다.

① 좌포우혜(左脯右醯) : 포는 왼쪽, 식혜는 오른쪽.(해동포서 醯東脯西 : 생선젓갈 또는 식혜는 동쪽, 포는 서쪽).

② 어동육서(魚東肉西) : 어류는 동쪽, 육류는 서쪽.

③ 홍동백서(紅東白西) : 붉은 색 과일은 동쪽, 흰 색 과일은 서쪽.

④ 두동미서(頭東尾西) : 생선의 머리는 동쪽, 꼬리는 서쪽으로 놓되, 생선의 배를 지방쪽으로 놓는다.

⑤ 반좌갱우(飯左羹右) : 메는 왼쪽, 국은 오른쪽(갱동반서羹東飯西).

⑥ 생동숙서(生東熟西) : 생김치 또는 날 것은 동쪽, 익힌 나물은 서쪽.

⑦ 조율시이(棗栗柿梨) : 서쪽부터 대추 · 밤 · 감 · 배의 순서로 놓는다. 가문에 따라 반대로 놓기도 한다.

⑧ 건좌습우(乾左濕右) : 마른 것은 왼쪽에 젖은 것은 오른쪽.

⑨ 접동잔서(楪東盞西) : 접시는 동쪽에 잔은 서쪽.

⑩ 남좌여우(男左女右) : 제사의 왼쪽은 남자(考位), 오른쪽은 여자(妣位).

⑪ 병동면서(餅東麵西) : 떡은 동쪽, 국수는 서쪽.

주자가례 제찬도(朱子家禮 祭饌圖)

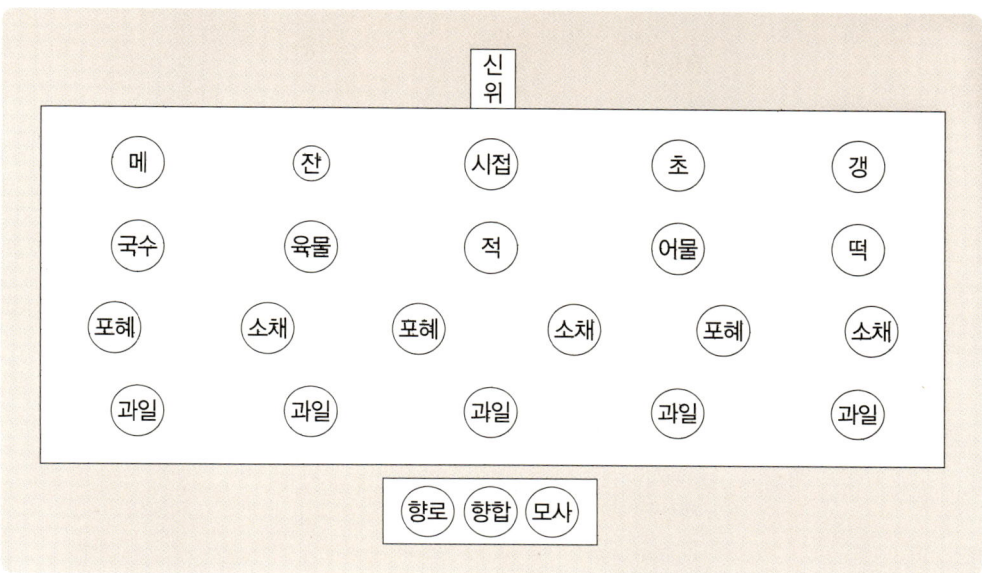

도암 사례편람 제찬도(陶菴 四禮便覽 祭饌圖)

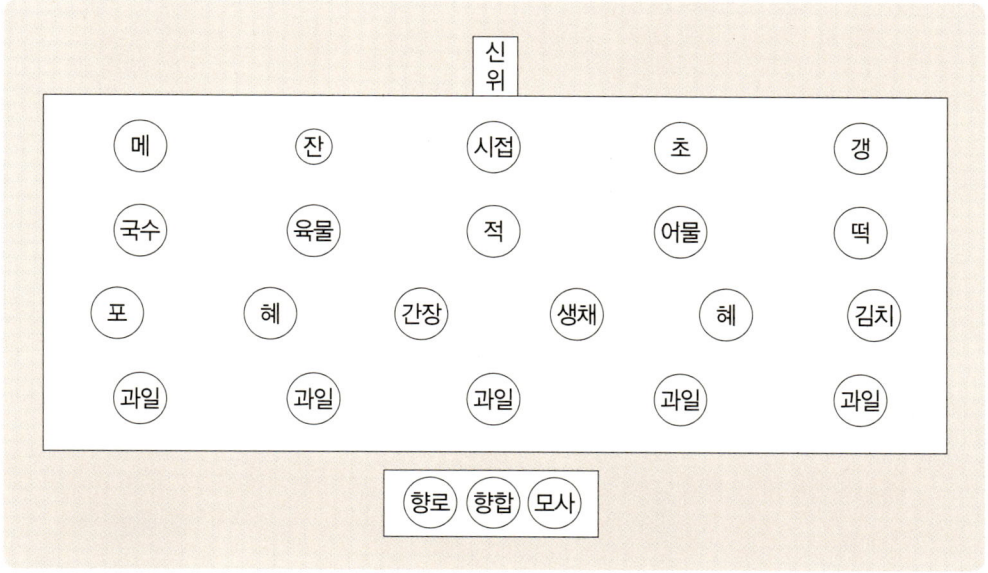

율곡 격몽요결 제찬도(栗谷 擊蒙要訣 祭饌圖)

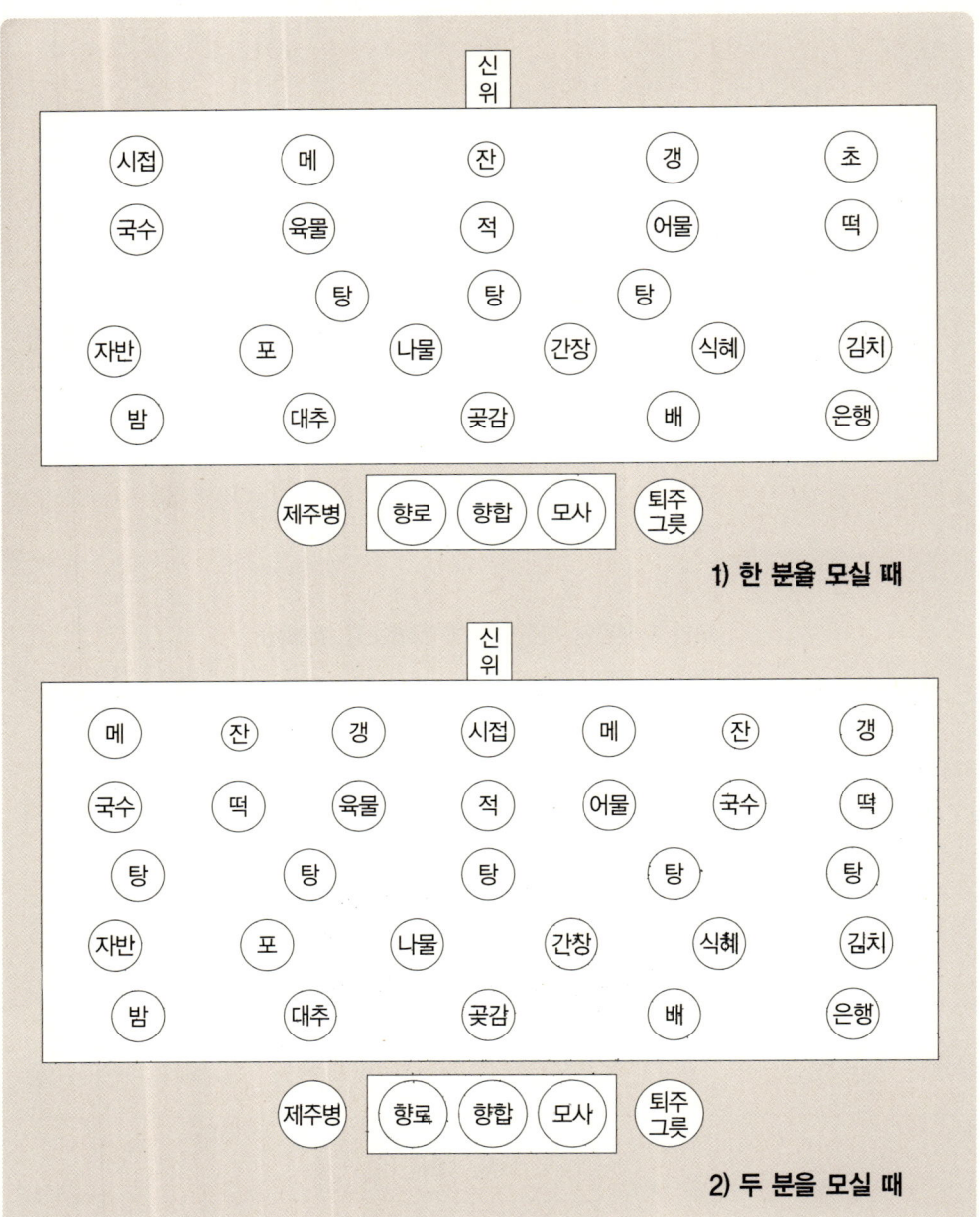

1) 한 분을 모실 때

2) 두 분을 모실 때

기제 제찬도(忌祭 祭饌圖)

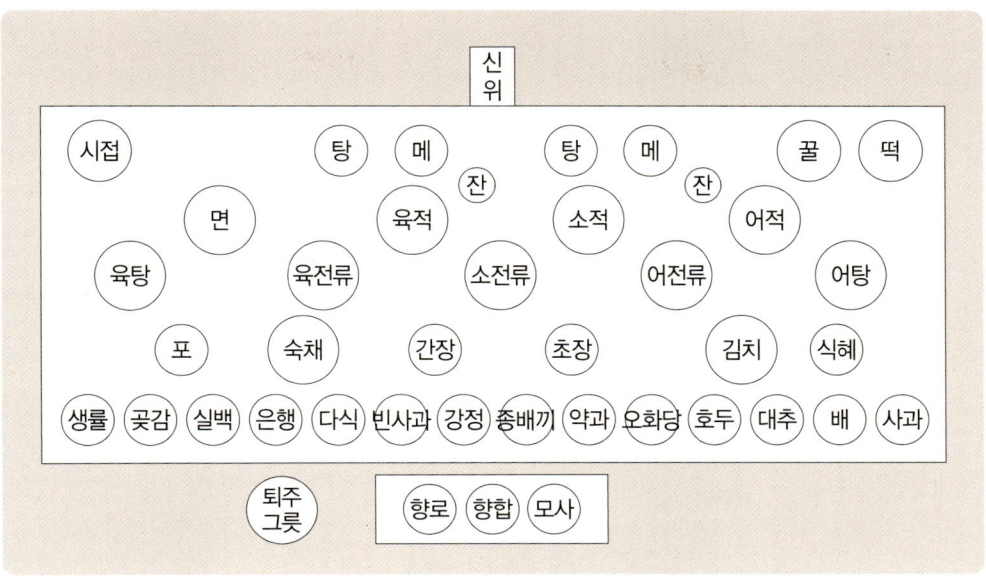

경기도 지방의 제찬도

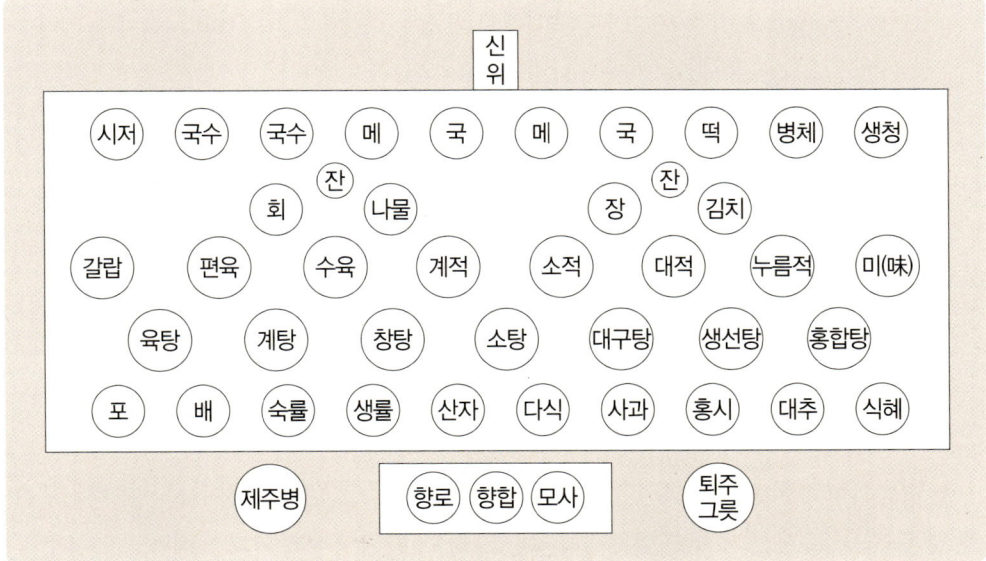

강원도 지방의 제찬도

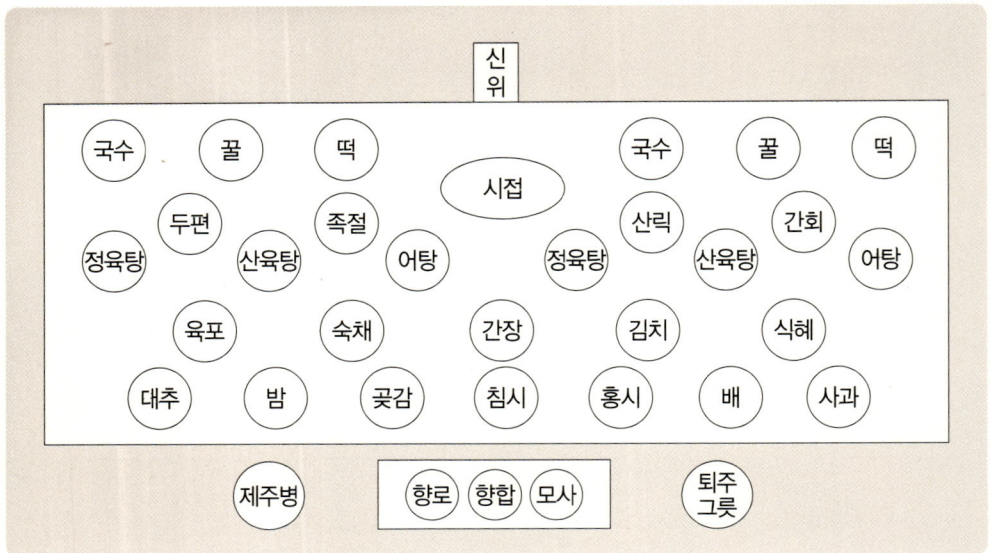

⑫ **고비합설(考妣合設)** : 부부를 같이 모실 때는 시저 · 잔반 · 반 · 갱을 각각 놓는다.

⑬ **시접거중(匙楪居中)** : 수저 그릇은 열 중앙에 놓는다(한 분만 모시면 서쪽에 놓는다).

⑭ **잔반갱중(盞飯羹中)** : 술잔은 반과 갱 사이에 놓는다.

제수 준비는 한 항목에 적어도 2가지 이상 해야 하고, 많아도 5가지를 넘기지 않는다.

또한 삼치 · 갈치 · 꽁치 등 치 자(字)로 끝나는 생선과 복숭아는 제상에 쓰지 않으며 추석에는 송편, 설에는 떡국을 쓴다.

● 제수 만드는 법

① 육적(肉炙)

육적은 쇠고기를 1cm 정도의 두께로 포를 뜬 다음 잔 칼집을 앞뒤로 넣어서 고기의 결을 끊어 줌으로써 부드럽게 만든다. 그리고 간장 · 설탕 · 파 · 깨소금 · 청주 ·

참기름 등을 넣어서 1시간 정도 재었다가 불고기 판에 구워서 낸다.

② 소적(素炙)

두부를 두께가 1cm 정도 되게 넓게 썰어서 소금을 약간 뿌리고 기름을 두른 프라이팬에서 약한 불에 굽는다.

③ 어적(魚炙)

조기의 비늘을 긁어내고 아가미와 내장을 떼어 내 깨끗하게 손질한 후 소금을 약간 뿌려두면 간이 배어들게 된다. 간이 들면 노릇노릇하게 되도록 굽는다.

④ 동태전

동태의 비늘을 긁고 내장을 빼낸 후 껍질을 벗겨 넓게 포를 뜬다. 소금을 약간 뿌려서 간을 맞춘 후 생선에 밀가루와 달걀로 옷을 입히고 기름을 두른 프라이팬에서 약한 불에 지진다.

⑤ 육탕(肉湯)

깨끗이 손질한 양지머리와 썰지 않은 통무를 넣고 물을 부어 은근한 불에서 무가 부드럽게 익을 정도로 끓인다. 고기와 무는 건져내고 국물은 면보자기를 이용하여 기름을 깨끗이 걸러낸다. 건져낸 고기와 무를 사방 3cm 정도의 크기에 1cm 정도의 두께로 썰어서 걸러놓은 국물을 붓고 간장으로 간을 하고 파를 썰어 넣은 후 다시 끓이고 나서 탕기에 담아서 내면 된다.

⑥ 소탕(素湯)

다시마를 마른 헝겊으로 깨끗하게 닦아서 물을 붓고 끓인다. 다시마를 건져내고 간장으로 국물의 간을 맞춘 다음 그 국물에 두부를 1cm 정도 되게 썰어 넣고 끓인다. 중간에 파를 넣고 끓이다가 건져 놓은 다시마를 위에 얹고 조금 더 끓여서 낸다.

⑦ 어탕(魚湯)

조기나 민어 등의 생선을 비늘과 내장을 제거하여 깨끗이 손질하고 4cm 정도의 크기로 토막을 친다. 다시마를 마른 헝겊으로 닦아 깨끗이 손질한 후 물을 붓고 5분 정도 끓이다가 다시마를 건져낸다. 그 국물에 간장으로 간을 한 다음 손질한 생선을 넣고 함께 끓인다. 10분 정도 끓인 후 파를 넣고 끓이다가 건져 놓은 다시마를 3cm 정도의 크기로 썰어 넣고 조금 더 끓인다. 탕기에 조기와 국물을 담고 그 위에 다시마를 곁들인다.

　진설의 순서는 시접과 잔반(盞盤)을 신위 앞에 놓고 제상 양쪽에 촛대를 놓은 후에 앞줄에서부터 차례로 진설해 가는데 맨 앞줄에 과일, 둘째 줄에 포와 나물, 셋째 줄에 탕(湯), 넷째 줄에 적(炙)과 전(煎), 다섯째 줄에 메와 갱의 순서로 놓는다.

　제사는 본디 돌아가신 날 이른 새벽 자정에서 1시 사이에 지내나 요즈음에는 돌아가신 전날 밤 즉, 해가 진 후 적당한 시간에 지낸다. 제사를 지낼 때에는 돌아가신 분에 대한 축문을 읽는데, 축문의 내용은 각 신위마다 다르다.

기제사 축문
한글로 쓰는 법

부모 · 조부모의 축문

아들(또는 손자) ○○는 아버님(어머님, 할아버님, 할머님) 신위 앞에 삼가
고하나이다.
아버님께서 별세하시던 날을 다시 맞이하오니 추모의 감회 더하옵니다.
이에 간소한 제수를 드리오니 강림하시와 흠향하시옵소서.

남편 또는 아내의 기제사 축문

남편(또는 아내) ○○○는 당신의 신위 앞에 고합니다.
당신이 별세하시던 날을 다시 맞이하니 지난날의 추억이 간절합니다.
이에 간소한 제수를 드리오니 흠향하소서.

아들의 기제사 축문

아버지(또는 어머니) ○○는 너의 제삿날을 맞으니 비통한 마음 금할 수 없어
맑은 술과 음식을 차렸으니 응감하여라.

조부모의 기제 축문

維歲次辛酉 十月壬戌朔 初四日甲子 孝孫 某
유세차신유　시월임술삭　초사일갑자　효손 모

敢昭告于
감소고우

顯祖考學生府君 歲序遷易 諱日復臨 追遠感時
현조고학생부군　세서천역　휘일부림　추원감시

不勝永慕 謹以 淸酌庶羞 恭伸奠獻 尙
불승영모　근이　청작서수　공신전헌　상

饗
향

[해설] 신유년 시월 초사일 효손 묘는 감히 고하옵니다. 해가 바뀌어 할아버지께서 돌아가신 날이 다시 돌아오니 영원히
　　샤모하는 마음을 이기지 못하겠사옵나이다. 이에 맑은 술과 여러 가지 음식을 공손히 올리오니 흠향하소서.

[참고] 할머니일 때는 '현조고학생부군' 대신에 '현조비모봉모씨(顯祖妣某封某氏)'라고 씀.

부모의 기제 축문

維歲次乙丑 四月丙寅朔 十日丁卯 孝子 某
유세차을축　사월병인삭　십일정묘　효자 모

敢昭告于
감소고우

顯考學生府君 歲序遷易 諱日復臨 追遠感時
현고학생부군　세서천역　휘일부림　추원감시

昊天罔極 謹以 淸酌庶羞 恭仲奠獻 尙
호천망극 근이 청작서수 공신전헌 상

饗
향

[해설] 을축년 사월 십일 효자 모는 감히 고하옵니다. 해가 바뀌어 아버님께서 돌아가신 날이 다시 돌아오니 은혜가 하늘같이 넓고 다함이 없사옵니다. 이에 맑은 술과 여러 가지 음식을 공손히 올리오니 흠향하소서.

[참고] 어머니일 때는 '현고학생부군' 대신에 '현비유인모봉모씨(顯妣孺人某封某氏)'라고 쓴다.

남편의 기제 축문

維歲次戊辰 八月己巳朔 十九日庚午 主婦 某
유세차무진 팔월기사삭 십구일경오 주부 모

敢昭告于
감소고우

顯辟處士府君 歲序遷易 諱日復臨 追遠感時
현벽처사부군 세서천역 휘일부림 추원감시

不勝感愴 謹以淸酌庶羞 恭仲奠獻 尙
불승가망 근이청작서수 공신전헌 상

饗
향

[해설] 무진년 팔월 십구일 주부 모는 감히 고하나이다. 해가 바뀌어 당신이 돌아가신 날이 다시 찾아오니 슬픈 마음을 이기지 못하여 삼가 맑은 술과 여러 가지 음식을 공손히 올리오니 흠향하소서.

아내의 기제 축문

維歲次辛未 八月壬申朔 初八日癸酉 夫 某
유세차신미 팔월임신삭 초팔일계유 부 모

昭告于
소고우

亡室孺人金海金氏 歲序遷易 亡日復至 追遠感時
망실유인김해김씨 세서천역 망일부지 추원감시

不自勝感 玆以 淸酌庶羞 伸此奠儀 尙
불자승감 자이 청작서수 신차전의 상

饗
향

[해설] 신미년 팔월 초팔일 부 모는 고하나이다. 해가 바뀌어 당신이 세상을 떠난 날이 돌아오니 슬픈 마음을 이기지
못하여 삼가 맑은 술과 여러 가지 음식을 올리니 흠향하소서.

백부모의 축문

維歲次干支 幾月干支朔 幾日干支 姪某
유세차간지 기월간지삭 기일간지 질모

敢昭告于
감소고우

顯伯父學生府君
현백부학생부군

歲序遷易 諱日復臨 追遠感時
세서천역 휘일부림 추원감시

昊天罔極 謹以 淸酌庶羞 恭伸奠獻 尙
호천망극 근이 청작서수 공신전헌 상

饗
향

[해설] ○○년 ○월 ○일 조카 ○○는 큰아버지께 고합니다. 해의 차례가 바뀌어 큰아버지의 돌아가신 날이 다시
돌아오니 감동되어 하늘과 같은 은혜를 이기지 못하여 맑은 술과 여러 가지 음식으로 공손히 드리오니
흠향하소서.

[참고] 큰어머니의 경우에는 '현백부학생부군' 대신에 '현백모유인모봉모씨신위'(顯伯母孺人某封某氏神位)라 쓴다

아들의 축문

維歲次干支 幾月干支朔 幾日干支 父
유세차간지 기월간지삭 기일간지 부

某告于
모고우

亡子某 歲序遷易 亡日復至 心燬悲痛
망자모 세서천역 망일부지 심훼비통

玆以 淸酌庶羞 伸此奠儀 尙
자이 청작서수 신차전의 상

饗
향

[해설] ○○년 ○월 ○일 아버지 ○○는 아들 ○○에게 고한다. 해의 차례가 바뀌어 네가 세상을 떠난 날이 다시 돌아오니
비통한 마음 이루 헤아릴 수 없어 여기에 맑은 술과 여러 가지 음식으로 갖추었으니 흠향하여라.

형의 기제 축문

維歲次干支 幾月干支朔 幾日干支 弟 某
유세차간지 기월간지삭 기일간지 제 모

敢昭告于
감소고우

顯兄學生府君 歲序遷易 諱日復臨 情何悲痛
현형학생부군 세서천역 휘일부림 정하비통

謹以 淸酌庶羞 恭伸奠獻 尙
근이 청작서수 공신전헌 상

饗
향

[해설] 세월이 흘러서 형님의 제삿날을 다시 맞으니 형제의 정으로 비통한 마음 금치 못합니다. 이제 삼가 청주와 음식을
차려 공손히 올리오니 응감하소서.

아우의 기제 축문

維歲次甲戌 三月乙亥朔 七日丙子 兄 告于
유세차갑술 삼월을해삭 칠일병자 형 고우

亡弟某 歲序遷易 亡日復至 情何可處
망제모 세서처역 망일부지 정하가처

玆以 淸酌庶羞 陳此奠儀 尚
자이 청작서수 진차전의 상

饗
향

[해설] 갑술년 삼월 초칠일 형은 고하노라. 세월이 흘러서 아우의 죽은 날이 다시 돌아오니 형제지 간의 정을 어찌할 바를 모르겠구나. 이제 맑은 술과 음식을 차려놓았으니 응감하여라.

1년 탈상 때의 축문

維歲次丁丑 三月戊寅朔 十九日己卯 孝子 某
유세차정축 삼월무인삭 십구일기묘 효자 모

敢昭告于
감소고우

顯考學生府君 日月不居 奄及朞祥 夙興夜處 哀慕
현고학생부군 일월불거 엄급기상 숙흥야처 애모

不寧 三年奉喪 於禮至當 事勢不逮 魂歸墳墓
불녕 삼년봉상 어례지당 사세불체 혼귀분묘

謹以 淸酌庶羞 哀薦祥事 尙
근이 청작서수 애천상사 상

饗
향

[해설] 정축년 삼월 십구일 효자 모는 감히 고하옵나이다. 아버님께서 돌아가신 지 1년이 되었사옵니다. 사모하는 마음 이기지 못하여 3년을 모셔야 하오나 시속에 따라 혹은 분묘로 돌아가시기를 바라오며 이제 맑은 술과 여러 가지 음식을 공손히 올리오니 흠향하소서.

4. 출주(出主)

출주란 제사를 지낼 때 사당에서 신주를 모시고 나오는 것을 말하며, 이때에도 축관이 축문을 읽는다.

축문이 끝나면 제주는 허리를 굽혔다가 일어서고, 집사는 감실의 발을 걷고 독에서 신주를 받들어 모신다.

그리고 제주가 앞서서 인도하여 신주를 대청의 교의에 모시고 지방으로 대신할 때는 교의에 지방을 붙인다.

5. 제례 순서(祭禮順序)

◑ 전통 제례의 절차도

영신 ⇨ 강신 ⇨ 참신 ⇨ 초헌 ⇨ 독축 ⇨ 아헌 ⇨ 종헌 ⇨ 첨작 ⇨ 삽시정저 ⇨ 합문 ⇨ 계문 ⇨ 헌다 ⇨ 철시복반 ⇨ 사신 ⇨ 철상 ⇨ 음복

1. 영신(迎神)

먼저 대문을 열어 둔다. 제상의 뒤쪽(북쪽)에 병풍을 둘러치고 제상에 제물을 진설한 뒤 지방(紙榜)을 써서 붙이면 제사의 준비가 완료된다. 옛법에는 출주(出主)라고 하여 사당에서 신주를 모셔내기도 했다.

2. 강신(降神)

강신은 신위께서 강림하시어 음식을 드시라는 간청 의식이다. 제주가 신위를 모셔오는 의미로 문 밖에 나갔다 들어온다. 제사를 마친 뒤에도 다시 신위를 배웅하러 문밖까지 나갔다 들어오는 지방도 있다.

강신은 제주와 참사자 모두 차례로 선 다음 제주가 신위 앞에 꿇어앉아 분향하면,

우집사(右執事 : 아들이나 조카)가 술을 잔에 차지 않게 부어 제주에게 준다. 제주는 이를 받아서 향불 위에 세 번 돌려서 모사 그릇에 세 번에 나누어 붓고 빈 잔은 우집사에게 건네주고 다시 일어나 두 번 절한다.

향을 피우는 것은 위에 계신 신을, 술을 따르는 것은 아래에 계신 신을 모시기 위함이다.

3. 참신(參神)

참신은 신위께 참배한다는 의미로 제주와 모든 참사자는 두 번 절한다.

오늘날은 사당이 없어 지방을 모시고 하는데, 이때는 강신 다음에 참신이다. 신주를 모시고 할 때는 참신 다음에 강신의 순서로 한다. 제찬(祭饌)을 미리 올리지 않고 참신 뒤에 올리기도 하는데 이때는 주인이 육·어·갱을 올리고 주부가 면·편·메를 올린다.

4. 초헌(初獻)

수헌(首獻)이라고도 하는 초헌은, 첫 번째 술잔을 올리고 재배(再拜)하는 절차이다. 제주가 신위 앞에 꿇어앉아 분향한 뒤, 좌집사가 빈 잔을 제주에게 주면, 우집사가 잔에 술을 가득 부어 준다. 제주는 강신 때와 같이 오른손으로 잔을 향불 위에 세 번 돌리고, 모사 그릇에 조금씩 세 번에 나눠 부은 뒤에 양손으로 받들어 집사에게 주면, 집사는 받아서 올린다. 이때 제주는 재배한다.

합사(合祀)의 경우에는 먼저 고위(考位)에 올리며, 두 번째 잔을 받아서 비위(妣位)에 올리고, 저(수저)를 고른 다음 재배한다. 저를 고르는 것은 집안에 따라 차이가 있다.

5. 독축(讀祝)

독축은 축문을 읽는 것으로 축문은 초헌이 끝난 다음, 제주와 모든 상제는 꿇어앉고, 제주 옆에 축관이 엄숙한 목소리로 천천히 크게 읽는다. 축문을 읽고 나면 일동은 곡을 하고, 조금 있다가 모두 일어나 재배한다. 그러나 근래에는 곡을 하지 않으며 축문은 제주가 읽어도 된다.

6. 아헌(亞獻)

두 번째 잔을 올리는 것으로 주부가 하는 것이 예의이나, 재주의 다음가는 근친자가 하기도 한다. 초헌과 같이 하는데 아헌부터는 축문을 읽지 않으며 모사 그릇에 술을 따르지 않고 주부는 네 번 절한다.

7. 종헌(終獻)

세 번째의 마지막 잔을 올리는 절차로 제주의 동생, 아들 또는 가까운 친척이 한다. 집사로부터 잔을 받아서 모사 그릇에 세 번 기울였다가 올리는데 술잔의 7부 정도만 채워서 올리고 종헌자가 재배한 후에 제상에서 잔을 내리지 않는다.

집안에 따라서는 아헌과 종헌 때에 적을 올리는 경우도 있다.

8. 첨작(添酌)

「유식(侑食)」이라고도 하는 첨작은 제주가 다시 신위 앞에 꿇어앉으면, 우집사가 다른 술잔에 술을 조금 부어 제주에게 준다. 이것을 받아 종헌 때 채우지 않은 잔에 세 번에 나누어 채우고 두 번 절한다.

9. 삽시정저(揷匙正箸)

메 그릇의 뚜껑을 열어 수저를 꽂는 것으로 「계반삽시(啓飯揷匙)」라고도 한다. 제주가 수저 바닥이 동쪽으로 향하게 하여 꽂고 젓가락을 고기나 생선 위에 올려놓고 재배한다.

첨작과 삽시정저를 합쳐서 유식(侑食)이라고도 하는데 잔지를 권하는 의식이다.

10. 합문(闔門)

참사자 모두 방에서 나와 문을 닫는 것을 「합문」이라 한다. 대청일 경우에는 뜰 아래로 내려와 조용히 3~4분간 기다린다. 단칸방이나 부득이한 때에는 제자리에 조용히 엎드려 있다가, 몇 분 후에 세 번 기침하고 일어난다.

11. 계문(啓門)

문을 여는 의식으로 합문한 다음 신위께서 메를 수저로 아홉 번 드실 만한 시간 (약 3분)이 지난 뒤, 제주가 기침을 세 번하고 문을 열고 다 같이 들어간다. 대청이나 단칸방에서도 마찬가지이다.

12. 헌다(獻茶)

갱(국)을 내려놓고 숭늉을 올린 다음 메를 조금씩 세 번 떠서 숭늉을 말아 놓고 수 저를 고른다. 이때 숟가락은 숭늉 그릇에 담가 놓는다. 참사자 일동은 3분 정도(신 위께서 제물을 다 잡수셨다고 생각될 때까지) 읍(揖)하고 있다가 큰 기침을 하고 고개를 든다.

13. 철시복반(撤匙覆飯)

신위께서 제물을 다 잡수셨으므로 수저를 거두고 메그릇의 뚜껑을 덮는다. 이때 수조(受胙)라 하여 제주가 꿇어앉아 집사자가 물려주는 술잔을 받아 마시거나 음식 을 조금 받아 먹는 예가 있는데, 대개 이 절차는 생략된다.

14. 사신(辭神)

고인의 영혼을 전송하는 의식으로 참사자가 신위 앞에 함께 두 번 절하고 지방과 축문을 불사른다. 신주일 때는 사당으로 모신다. 이것으로 모든 재사의식은 끝나게 된다.

15. 철상(撤床)

제물을 치우는 절차로서 술잔에 남아 있는 모든 술은 술병에 붓고 음식은 딴 그릇에 옮겨 담는다. 이때 모든 제수는 뒤에서부터 물리고 제기들은 깨끗이 닦아 간수한다.

16. 음복(飮福)

조상께서 물려주시는 복된 음식을 참사자와 가족이 모여서 나누어 먹는다. 음복을 끝내기 전에는 제복을 벗거나 담배를 피워서는 안 된다. 옛 예법에는 이웃 어른들을 모시고 대접하기도 하고, 이웃과 제사 음식을 나누어 먹기도 하였다.

(4) 이제(禰祭)

이제란 음력 9월에, 돌아가신 부모에게 지내는 제사인데, 부묘(父廟)를 이(禰)라고 부르며 가깝다는 뜻이다.

이제는 다른 방친(傍親)들의 제사와는 달리 부모님이 살아 계실 때 직접적으로 입은 은혜를 잊지 못하여, 추수(秋收)를 끝내고 부모님에 대한 사모의 정을 담아 지내는 제사라는 데에 큰 뜻이 있다.

이제 때에는 부모님의 은혜에 감사하는 마음으로 수확(收穫)한 햇곡식으로 제수를 준비하여 제사를 지낸다.

이제는 기제(忌祭)와는 달리 일정한 날짜에 지내는 것이 아니고 택일(擇日)하여 지내며, 택일은 이제를 지내기 전 달인 음력 8월 하순에 하고 택일 방법은 사시제(四時祭)의 절차와 같다.

이때 길일(吉日)을 점치면서 다음과 같은 내용의 명사(命辭)를 한다.

명사(命辭)

孝子 某 將以來月某日 諏此歲事 適期考妣 尚
효자 모 장이내월모일 추차세사 적기고비 상

饗
향

[해설] 효자 모는 다음달 ○○일에 세사를 올리고자 하오니 부모님께서 가르쳐 주시는 대로 따르겠사옵나이다.

택일 고사(擇日告辭)

孝子 某 將以來月某日 祗薦 歲事于 考妣
효자 모 장이내월모일 지천 세사우 고비

卜旣得吉 敢告
복기득길 감고

[해설] 효자 모는 다음달 ○○일에 아버님과 어머님께 세사를 올리고자 점을 쳐서 길일을 택하였사옵기 감히 아뢰옵나이다.

이제는 음력 9월 중의 정일(丁日) 또는 해일(亥日) 중에서 택일하며, 택일 당일에는 사시제 때와는 달리 부모의 감실(龕室) 앞에서 고사(告辭)를 올린다.

이제 때에는 제삿날 3일 전부터 몸과 마음을 정화(淨化)하고 목욕재계(沐浴齋戒)한다.

제사 전날에 자리를 만들어 제구(祭具)를 준비하고 물을 마련한다. 모든 의식은 사시제와 같으나, 다만 정침의 중앙에 고비 두 신위를 모신다. 제삿날에는 아침에 일찍 일어나 성복(成服)하고 부모의 신위를 사당에서 정침으로 모셔 온다. 이것을 출주(出主)라고 하며, 출주 의식은 사시제 때의 의식과 같다. 제사의 순서는 영신·강신·참신·초헌·아헌·종헌·첨작·삽시정저·합문·계문·헌다·철시복판·사신·납주(納主)·철상·음복의 순서이다.

근래에는 이제가 기제에 흡수되어 거의 지내지 않는다.

출주 고사(出主告辭)

孝子 某 今以季秋 成物之始
효자 모 금이계추 성물지시

有事于
유사우

顯考學生府君
현고학생부군

顯妣金海金氏 敢請 神主 出就正寢 恭伸奠獻
현비김해김씨 감청 신주 출취정침 공신전헌

[해설] 효자 모는 이 가을 만물이 결실하는 때에 아버님과 어머님의 이제를 올리고자 하옵니다. 감히 청하오니 두 분의 신주께서는 정침으로 납시어 제사를 받으시오소서.

이제 축문(禰祭祝文)

維歲次庚辰 九月辛巳朔 初六日丁亥 孝子 某
유세차경진 구월신사초 삭육일정해 효자 모

敢昭告于
감소고우

顯考處士府君 顯妣海州崔氏
현고처사부군 현비해주최씨

今以季秋 成物之始 感時追慕 昊天罔極
금이계추 성물지시 감시추모 호천망극

謹以 淸酌庶羞 祗薦歲事 尙
근이 청작서수 지천세사 상

饗
향

(5) 묘제(墓祭)

묘제란 조상의 산소(山所)에 제수를 진설해 놓고 지내는 제사이다.

묘제를 묘사(墓祀) 또는 세일제(歲一祭)라고도 하는데, 체천위(遞遷位)인 5대조 이상의 선영(先塋)의 산소에서 문중이 함께 제사를 지낸다.

예부터 청명(淸明)과 한식(寒食)·단오(端午)·중양(重陽) 때에 묘제를 지냈으나 근래에는 음력 3월과 10월 중에 택일하여 한 번씩 지내고 있다.

묘제의 택일 방법은 사시제와 같으며, 택일이 되면 제삿날 하루 전에 목욕재계하고 사시제처럼 제수를 마련하는데, 묘마다 각각 따로 마련한다.

이때에 토지신(土地神)에게 올릴 제수도 따로 준비한다.

아침 일찍 제주는 심의(深衣)를 입고 집사와 함께 묘소(墓所)에 가서 두 번 절하고 묘역(墓域)의 주위를 세 번 가량 돌면서 잡초를 뽑거나 베어 내는 등 깨끗이 청소한 다음 제수를 진설하고 묘제에 앞서 토신제(土神祭)를 지낸다.

토신제는 강신, 모사 그릇이 없고 향을 피우지 않는다. 그 이유는 불과 땅이 상극(相剋)이기 때문이다.

토신제 축문(土神祭祝文)

維歲次壬午 十月癸未朔 初八日甲申 幼學 某
유세차임오 시월계미삭 초팔일갑신 유학 모

敢昭告于
감소고우

土地之神 某 恭修 歲事于
토지지신 모 공수 세사우

顯考學生府君之墓 維時保佑 實賴神休 謹以
현고학생부군지묘 유시보우 실뢰신휴 근이

酒果祗薦于 神尚
주과지천우 신상

饗
향

[해설] 임오년 시월 초팔일 유학 모는 토지신에게 감히 고하나이다. 아버님의 묘소에 삼가 제사를 올리는 바 때로 도우셔서
신의 보우(保佑 : 보살펴 도와 줌)에 힘입어 여기 술과 음식을 올리오니 흠향하소서.

　　제수를 진설할 때는 묘 앞에 자리를 펴놓거나 상석(床石)이 있으면 그 위에 제수
를 진설하고 진설 방법은 집에서 지내는 제사와 같다.

　　다만, 집에서 제사를 지낼 때는 소채(疏菜)와 과일을 먼저 진설하고 강신한 다음
에 진찬(進饌)했으나, 묘제에서는 강신 의식이 없으므로 강신과 함께 진설하고, 또
한 신주나 지방이 없기 때문에 진설을 마치면 강신을 먼저 하고 참신한다.

묘제 축문(墓祭祝文)

維歲次乙酉 十月丙戌朔 十一日丁巳 孝子 某
유세차을유 시월병술삭 십일일정사 효자 모

敢昭告于
감소고우

顯考處士府君之墓 氣序流易 霜露旣降 瞻掃封塋
현고처사부군지묘 기서유역 상로기강 첨소봉영

不勝感慕 謹以 淸酌庶羞 祗薦歲事 尚
불승감모 근이 청작서수 지천세사 상

饗
향

초헌 의식은 사시제와 같으며 메에 수저를 꽂고 젓가락은 접시에 가지런히 올려 놓은 다음에 고축(告祝)을 올리는데, 내용은 4대조 이하와 4대조 이상의 조상에 따라 각각 다르다.

묘제를 마치면 미리 보아 두었던 묘소의 왼쪽 한곳을 정하여 자리를 펴놓고 후토제(後土祭)를 올린다.

후토제 의식도 시제의 토신제와 같으며 제수로는 육(肉)·어(魚)·병(餠:떡)·면(麵:국수)과 잔반·시저를 진설하고 제주 이하 모두가 강신·참신·초헌·아헌·종헌·사신을 하고 철상한다.

이때에도 후토제의 축문을 읽는데 아우 이하의 축문에는 공(恭)자를 쓰지 않는다.

요즘의 묘제는 한식 또는 추석에 간소하게 지낸다.

후토제 축문(後土祭祝文)

維歲次己丑 十月庚寅朔 十二日辛卯 右承旨 某
유세차기축 시월경인삭 십이일신묘 우승지 모

敢昭告于
감소고우

土地之神 某恭 修歲事于 某親母官府君之墓
토지지신 모공 수세사우 모친모관부군지묘

維時保佑 實賴神休 敢以酒饌 敬神奠獻 尚
유시보우 실뢰신휴 감이주찬 경신전헌 상

饗
향

[해설] 기축년 시월 십이일 우승지 모는 토지신에게 감히 아뢰옵니다. 모는 공경하여 세사를 ○○의 ○○ 벼슬한 어른의 묘에 올리나이다. 때때로 보살펴 도와 주시어 신의 은덕을 입었사와 감히 술과 음식을 차려놓고 올리오니 흠향하소서.

(6) 사갑제(祀甲祭)

사갑제란 환갑(還甲) 이전에 돌아가신 부모의 환갑날에 지내는 제사로서, 환갑 잔치를 하지 못하고 돌아가신 부모님에게 올리는 제사이다.

제사의 의식 절차는 기제 때와 같으나, 장남이 초헌하고 차남 이하 자식들과 근친자들 모두가 헌작하는 점이 다르다.

사갑제의 축문은 다음과 같다.

사갑제 축문(祀甲祭祝文)

維歲次壬辰 九月癸巳朔 初九日甲午 孝子 某
유세차임진　구월계사삭　초구일갑오　효자　모

敢昭告于
감소고우

顯考左贊成府君
현고좌찬성부군

顯妣貞敬夫人密陽朴氏 歲時遷易 遼及還甲 生時有慶
현비정경부인밀양박씨　세시천역　요금환갑　생시유경

歿寧敢忘 昊天罔極 謹以 淸酌庶羞 式此奠獻 尙
몰녕감망　호천망극　근이　청작서수　식차전헌　상

饗
향

[해설] 임진년 구월 초구일 효자 모는 아버님과 어머님의 영전에 고하옵나이다. 세월이 흘러 이제 환갑을 맞으시니 감회를 억누를 수가 없사옵니다. 부모님께서 살아 계셨으면 얼마나 경사였겠사옵니까. 생각할수록 죄스럽기 한이 없어 이에 맑은 술과 여러 가지 음식을 차려 놓고 삼가 사갑제를 올리오니 흠향하소서.

(7) 생신제(生辰祭)

생신제는 돌아가신 부모의 생신일(生辰日)에 지내는 제사이다. 생신제의 의식 절차는 사갑제와 같으며 삼년상(三年喪)을 지내기 전까지만 지낸다.

생신제 축문(生辰祭祝文)

維歲次乙未 七月丙申朔 初五日丁酉 孝子 某
유세차을미 칠월병신삭 초오일정유 효자 모

敢昭告于
감소고우

顯考學生府君 歲序遷易 生辰復遇 存旣有慶 歿寧敢忘
현고학생부군 세서천역 생신복우 존기유경 몰녕감망

追遠感時 昊天罔極 謹以 淸酌庶羞 恭伸追慕 尙
추원감시 호천망극 근이 청작서수 공신추모 상

饗
향

[해설] 을미년 칠월 초오일 효자 모는 아버님 영전에 감히 고하나이다. 해가 바뀌어 생신을 다시 맞이하옵는 바 생전에 경사스러웠던 일을 돌아가셨다고 하여 어찌 잊겠사옵니까. 멀리 돌이켜 생각함에 아버님의 은혜가 하늘처럼 사무쳐 삼가 맑은 술과 여러 가지 음식을 차려 놓고 추모하오니 흠향하소서.

(8) 연중 절사(年中節祀)

연중 절사란 계절과 명절(名節)을 따라 조상에게 지내는 제사이다.

우리나라에서 예부터 전해 내려오는 명절로는 설을 비롯하여 음력 1월 15일의 정월 대보름, 3월 3일의 삼짇날, 4월 5일의 한식(寒食), 5월 5일의 단오(端午), 6월 15일의 유두(流頭), 7월 7일의 칠석(七夕), 7월 15일의 백중(百中), 8월 15일의 추석(秋夕), 9월 9일의 중양절(重陽節), 시월·11월의 동지(冬至) 등이 있다.

차례(茶禮)는 원래 음력 초하룻날과, 보름날, 생일 등에 아침이나 낮에 간단히 지내는 제사인데 정월 초하룻날의 연시제(年始祭)와 팔월 추석(秋夕)도 이에 속한다.

① 연시제(年始祭)

연시란 설날을 이르며, 설날은 한 해의 첫날로서 달력의 기점(起點)으로, 원일(元日)·원단(元旦)·정초(正初)라고도 한다.

이 날에는 모든 사람들이 설빔을 입고 어른들께 세배(歲拜)하며 조상에게 차례(茶禮)를 지낸다.

설날 아침 일찍이 세주(歲酒) 등의 음식을 사당에 차려 놓고 부모와 조부모 및 고조부모까지의 4대를 차례대로 정조 차례(正朝茶禮)를 지내며, 4대 이상은 사시제(四時祭) 때 함께 지낸다.

차례는 봉사 대상 여러분을 한꺼번에 모시고 제사를 지내거나, 각위 내외분 단위로 제상을 각각 따로 마련해도 무방하다. 따라서 지방(紙榜)도 합사(合祀)하는 경우에는 봉사 대상을 종이 한 장에 나란히 쓰거나 각 위 내외분마다 따로 쓸 수도 있다. 설날에는 우리나라의 고유 풍속에 따라 밥 대신에 떡국을 끓여 먹기에, 제사도 메 대신 떡국을 올린다.

기제와 달리 축문을 읽지 않고 헌작(獻爵)도 한 번만 한다.

② 한식 성묘(寒食省墓)

한식은 청명(淸明)의 이튿날로 동짓날로부터 105일째 날이다. 이 날은 조상에게 제사를 지내고 성묘를 한다.

한식이란 말은 옛날 중국(中國)에서 동짓날로부터 105일째 날에는 비바람이 심하다고 하여 불을 때지 않고 찬밥을 먹었다는 데서 비롯되었다고 한다.

본디 성묘는 춘하추동(春夏秋冬)에 반드시 한 차례씩 가는 것으로 정해져 있다. 즉 봄에는 한식, 여름에는 단오, 가을에는 추석, 겨울에는 시월 초하루가 성묘날에 해당된다.

한식날 성묘 때에는 산소에 사초(莎草)를 하기도 한다. 또한 한식과 청명에는 이장(移葬)을 해도 무방하다.

사초를 할 때에는 택일하여 제수를 차리고 의식(儀式)에 따라 제사를 지내는데, 사초 전에 두 가지 고사(告辭)를 한다. 즉 개사초(改莎草)할 때 묘지에 한 번, 토지신(土地神)에게 한 번 고하며, 의식은 주과(酒果)를 차려놓고 축문을 읽는데, 절차는 시제의 토신제와 같다.

개사초 전 고사(改莎草前告祀)

維歲次戊戌 三月己亥朔 初五日庚子 孝子 某
유세차무술 삼월기해삭 초오일경자 효자 모

敢昭告于
감소고우

顯考學生府君之墓 歲月滋久 草衰土圮 今以吉辰
현고학생부군지묘 세월자구 초쇠토비 금이길진

益封改莎 伏惟尊靈 不震不驚 謹以酒果用伸
익봉개사 복유존령 불진불경 근이주과용신

虔告謹告
건고근고

[해설] 무술년 삼월 초오일 효자 모는 감히 아버님 묘소에 아뢰옵나이다. 세월이 흘러 묘에 풀이 없어지고 흙도 무너졌습니다. 오늘이 길일이라 봉분을 더하고 떼를 갈아입히겠습니다. 엎드려 생각하옵건대 존령께서는 놀라지 마시옵소서. 삼가 술과 과일을 차려놓고 경건히 아뢰옵나이다.

개사초 전 토지신에게 올리는 고사

維歲次辛丑 三月壬寅朔 初五日癸卯 某官 某
유세차신축 삼월임인삭 초오일계묘 모관 모

敢昭告于
감소고우

土地之神 今爲某官某公 塚宅崩頹 將加修治
토지지신 금위모관모공 총택붕퇴 장가수치

神其保佑 俾無後艱 謹以 酒果 祇薦于神 尙
신기보우 비무후간 근이 주과 지천우신 상

饗
향

[해설] 신축년 삼월 초오일 ○○ 벼슬한 모는 감히 토지신에게 고하나이다. ○○ 벼슬한 모공의 무덤이 허물어져
수리하겠나이다. 토지신께서는 뒤에 근심이 없도록 보살펴 도와 주시옵소서. 삼가 술과 과일을 올리오니 신께서는
흠향하소서.

개사초가 끝나면 묘 앞에 술과 포혜(脯醯)를 차려놓고 분향한 후 술을 땅에 조금
씩 세 번 붓고 재배한 다음 다시 술을 앞에 올려놓고 꿇어앉는다.

이때 축관이 개사초 후의 축문을 읽는다. 축문을 다 읽으면 제주는 재배하고 집사
는 다시 제수를 묘의 왼쪽에 차려놓는다. 그러면 제주가 나아가서 꿇어앉아 분향하
고 술을 올리며 축관은 개사초 후 토지신에게 축문을 읽는다.

토지신의 축문이 끝나면 제주 이하 모두가 재배함으로써 사초제의 의식은 모두
끝난다.

개사초 후에 읽는 축문

維歲次甲辰 三月乙巳朔 初五日丙午 孝子 某
유세차갑진 삼월을사삭 초오일병오 효자 모

敢昭告于
감소고우

顯考學生府君之墓 旣封旣莎 舊宅惟新 伏惟尊靈
현고학생부군지묘 기봉기사 구택유신 복유존령

永世是寧
영세시녕

[해설] 갑진년 삼월 초오일 효자 모는 아버님께 아뢰옵나이다. 이미 봉분과 떼를 갈아입혀 옛집이 새 집이 된 것 같사옵니다. 존령께서는 오래오래 평안하소서.

개사초 후 토지신에게 드리는 축문

維歲次丁未 三月戊申朔 初五日己酉 某官 某
유세차정미 삼월무신삭 초오일기유 모관 모

敢昭告于
감소고우

土地之神 今爲某官某公 塚宅惟新 旣封旣莎
토지지신 금위모관모공 총택유신 기봉기사

神其保佑 俾無後艱 謹以 酒果 祗薦于神 尙
신기보우 비무후간 근이 주과 지천우신 상

饗
향

[해설] 정미년 삼월 초오일 ○○ 벼슬한 모는 토지신에게 아뢰옵니다. ○○ 벼슬한 모공의 묘에 봉분과 떼를 갈아입혀 새로 단장하였으니 토지신께서는 뒤에 어려움이 없도록 잘 보살펴 도와 주소서. 삼가 술과 과일로 천신하오니 흠향하소서.

부득이한 사정으로 인해 봉분(封墳)한 직후에 비석(碑石)을 세우지 못하고 나중에 세울 땐 묘지신과 토지신에게 축문을 읽어야 한다.

또한 산불이나 실화(失火) 등으로 조상의 산소가 훼손되었을 때는 자손들이 모두 소복(素服)을 하고 산소에 가서 재배하고 곡을 한다.

이때 의식은 갖추지 않지만 산소를 깨끗이 단장하고 술과 과일을 올린 다음 고사(告辭)한다. 혹시 조상의 산소를 잃어버렸다가 다시 산소를 찾을 경우가 있다.

이때에는 산소를 잃어버렸던 과실을 빌고, 조상의 시신 여부를 확인하기 위해 산소를 헐어야 할 경우에는 정성을 다하여 빌고 축문을 읽는다.

비석을 나중에 세울 때 읽는 축문

維歲次庚戌 五月辛亥朔 十二日壬子 孝子 某
유세차경술 오월신해삭 십이일임자 효자 모

敢昭告于
감소고우

顯祖考處士府君 伏以 昔行襄奉 儀物多闕 今至有年 謹具墓碑
현조고처사부군 복이 석행양봉 의물다궐 금지유년 근구묘비

用衛墓道 伏惟尊靈 是憑是安
용위묘도 복유존령 시빙시안

[해설] 경술년 오월 십이일 효손 모는 삼가 할아버지께 고하나이다. 황공하옵게도 의물(의식에 관계되는 물건)을 갖추지 못하여 많이 모자랐던 바, 이제야 삼가 묘비를 마련하여 묘도에 설치하오니 존령께서는 이와 함께 평안히 계시옵소서.

비석을 세울 때 토지신에게 드리는 축문

維歲次癸丑 五月甲寅朔 十二日乙卯 幼學 某
유세차계축 오월갑인삭 십이일을묘 유학 모

敢昭告于
감소고우

土地之神 今爲 某官某公 墓儀未具 玆將墓碑
토지지신 금위 모관모공 묘의미구 자장묘비

用衛墓道 神其保佑 俾無後艱 謹以 酒果祇薦于神 尚
용위묘도 신기보우 비무후간 근이 주과지천우신 상

饗
향

[해설] 계축년 오월 십이일 유학(벼슬하지 않은 유생) 모는 감히 토지신께 고하나이다. ○○ 벼슬한 ○○공의 묘의를 갖추지 못했다가 이제 묘비를 묘도에 세울까 하오니 토지신께서는 이를 보살펴 도와 주시어 후환이 없게 하옵시고, 삼가 주과를 바치오니 흠향하소서.

산소를 파 보려고 할 때 읽는 축문

維歲次丙辰 四月丁巳朔 十四日戊午 幼學 某
유세차병진 사월정사삭 십사일무오 유학 모

敢昭告于
감소고우

古塚之神 某
고총지신 모

顯七代祖考學生府君之墓久失其處 古來相傳在於某地
현칠대조고학생부군지묘구실기처 고래상전재어모지

旣無碑表莫下指的 或冀有壙誌之可以 考證者 不敢
기무비표막하지적 혹기유광지지가이 고증자 불감

不略啓塋域 伏願不震不驚
불략계영역 복원불진불경

[해설] 병진년 사월 십사일 유학 모는 고총의 신께 아뢰나이다. 칠대 할아버님의 묘를 잃어버린 지 오래 되었던 바, 예부터 어느 곳에 있다고 전해 왔으나 이미 비석이나 표석이 없어 어느 곳임을 지적할 수가 없사옵니다. 혹시 지석이 나와서 고증할 수 있을까 하여 묘역을 파 보려고 하오니 놀라지 마시옵기 엎드려 바라옵나이다.

산소가 손상(損傷)되었을 때 읽는 축문

維歲次己未 五月庚申朔 初七日辛酉 孝孫 某
유세차기미 오월경신삭 초칠일신유 효손 모

敢昭告于
감소고우

顯祖考學生府君之墓 伏以 守護不勤 野人失火 勢成燎原
현조고학생부군지묘 복이 수호불근 야인실화 세성요원

災延塋域 伏惟震驚 不勝痛慕 謹以 酒果恭伸
재연영역 복유진경 불승통모 근이 주과공신

安慰
안위

[해설] 기미년 오월 초칠일 효손 모는 할아버님의 묘에 고하옵나이다. 묘를 수호함에 있어 조심하지 못하여 야인의 잘못으로 불이 나서 그 화가 산소에까지 미쳤사옵니다. 엎드려 생각하건대 놀라실까 애통한 마음 이기지 못하오며, 삼가 술과 과일을 차려놓고 공손히 위로를 드리옵나이다.

산소를 파서 조상의 것임이 확인되면 다시 봉분하고 위안의 축문을 읽는다.

또 산소를 파서 헐었으나 남의 산소인 경우에는 그 잘못이 크므로 서둘러 봉분과 사초를 하고 정성을 다해 그 산소의 주인을 위로해야 한다.

조상의 산소를 찾았을 땐 주과를 올리고 위안(慰安)하는 축문을 읽는데 이를 심묘 위안축(尋墓慰安祝)이라 한다.

심묘위안축문

維歲次壬戌 五月癸亥朔 二十日甲子 某代孫 某
유세차임술 오월계해삭 이십일갑자 모대손 모

敢昭告于
감소고우

顯某代祖考學生府君之墓 竟失守護 歲已久遠 今玆啓驗
현모대조고학생부군지묘 경실수호 세이구원 금자계험

乃的幽誌 顯晦有時 喜且感慕 改築改莎
내적유지 현회유시 희차감모 개축개사

封塋玆新 伏惟 尊靈 永世是安 謹以 酒果用伸
봉영자신 복유 존령 영세시안 근이 주과용신

虔告謹告
건고근고

[해설] 임술년 오월 이십일 ○대손 모는 감히 아뢰옵나이다. 묘를 잃어 수호하지 못한 지가 이미 오랜 세월이 되었는데, 이번에 묘역을 헐어 지석을 발견함으로써 당시의 일을 밝히게 되었으니 기쁜 감회를 느끼옵나이다. 이제 개축과 사토를 하여 여기에 봉분을 새로 마련하오니 존령께서는 길이 이곳에서 편히 계시옵소서. 삼가 주과를 차려 놓고 경건히 아뢰옵나이다.

남의 산소임을 알았을 때 읽는 축문

維歲次乙丑 六月丙寅朔 初五日丁卯 某官 某
유세차을축 유월병인삭 초오일정묘 모관 모

敢昭告于
감소고우

古墓之靈 竟失先塋 將尋幽誌 敢毀封域 爰玆誤啓
고묘지령 경실선영 장심유지 감훼봉역 원자오계

仍築旣莎 依舊新封 謹告以酒 休咎是寧
잉축기사 의구신봉 근고이주 휴구시녕

[해설] 을축년 유월 초오일 ○○ 벼슬한 모는 옛무덤의 영혼께 아뢰옵나이다. 선영을 잃어버렸기에 지석을 찾고자 봉역을 헐었사오나 잘못 헐었음을 알고 새로이 봉분하고 떼를 입혔사오니 잘못을 용서하시고 평안하소서.

산소를 잃었다가 찾았을 때의 축문

維歲次干支 幾月干支朔 幾日干支 某官 某
유세차간지 기월간지삭 기일간지 모관 모

敢昭告于
감소고우

古塚之神 某幾代祖某官之墓 久失其處
고총지신 모기대조모관지묘 구실기처

古來相傳 在於某地 旣無碑表 莫何指的
고래상전 재어모지 기무비표 막하지적

或冀有壙 誌之可以 考證者 不敢不
혹기유광 지지가이 고증자 불감불

略啓塋域 伏願 不震不驚
약계영역 복원 불진불경

[해설] ○○년 ○월 ○일 벼슬한 ○○는 감히 밝게 옛무덤의 신께 아뢰옵니다. ○대조인 ○○ 벼슬한 어른의 산소가 있던 곳을 잃어버린 지 너무 오래 되었습니다. 예로부터 전해 오는 어느 땅에 묘가 있었다 하나 비표(碑表)가 없으므로 지적하기 막연하여 혹시 광중에 지석으로 고증할 만한 것이 있을까 바라는 마음에 감히 묘소를 간략히 열지 않을 수가 없게 되었습니다. 엎드려 바라옵건대 놀라시지 마소서.

③ 추석(秋夕)

음력 8월 15일의 추석은 설날과 함께 가장 큰 명절로 팔월 한가위 또는 한가윗날이라고도 한다. 이때는 백곡(百穀)이 익어 1년 중 가장 풍성한 때이기도 하다.

중국에서도 이 날을 중추(仲秋)라고 하여 큰 명절로 꼽지만 우리나라의 추석은 그 유래가 특별하다. 신라 초기에 여자들의 작업을 장려하기 위해 전국의 여자들을 두 편으로 갈라 길쌈 경쟁을 시킨 일이 있었다.

길쌈은 백중날(음력 7월 15일)부터 시작하여 만 한 달이 되는 추석날에 승패(勝敗)를 가리는데, 승리한 쪽은 패배한 쪽으로부터 술과 음식을 대접받기로 되어 있었으며, 춤과 노래와 여러 가지 놀이로 이 날을 마음껏 즐기며 놀았다고 한다.

추석에는 햇과일과 햇곡식으로 음식을 만들며 이것들로 조상에게 차례(茶禮)를 지내고 성묘를 한다.

역시 기제와 달리 축문을 읽지 않고 헌작(獻爵)도 한 번만 한다.

④ 중양절(重陽節)

음력 9월 9일을 중양(重陽) 또는 중구(重九)라고도 하며 중양일나 양수(陽數)인 9가 겹친 것을 이른다. 이 날에는 삼월 삼짇날(음력 3월 3일)에 왔던 제비가 다시 강남(江南)으로 되돌아간다고 한다.

중국 문화에서 전래된 중양절의 잔치와 의식은 고려(高麗) 때에 제도화되어 있었다. 이 날 일반 백성들은 국화전(菊花煎)과 화채(花菜) 등의 시식(時食 : 철에 따라 있는 음식)으로 조상에게 차례를 올렸다.

⑤ 시월(十月) : 상(上)달

음력 5월과 더불어 10월은 우리 민족의 제천절(祭天節)이다.

음력 시월을 가리켜 상달이라고 하는데 이때 동제(洞祭)를 비롯하여 가을의 제례(祭禮)가 집중되어 있다.

한 해의 농사를 끝낸 이 달에는 햇과일과 햇곡식으로 조상에게 제사를 지내고 신을 섬기는 풍습이 여러 지방에서 행해졌다.

시월의 음력 15일을 전후하여 사시제(四時祭) 또는 시사(時祀)를 행한다. 조상은 4대까지만 사당에 모시며 그 윗대의 조상들은 묘제(墓祭)로 지낸다. 사시제일에는 친족들이 모두 모여 묘 앞에 참례하는데 많은 자손들이 모이는 것을 큰 자랑으로 여겼으며, 묘소의 자리가 명당일수록 자손들이 발복(發福)한다고 믿었다.

이 날 상중(喪中)에 있는 사람이나 여자들은 참례하지 않는 관습이 있다.

⑥ 동지(冬至)

음력 11월을 동짓달이라고 하는데, 동짓날은 양력으로 12월 22일~23일경이며 아세(亞歲) 또는 작은 설이라고도 한다. 동지는 1년 중 밤이 가장 길고 낮이 가장 짧은 날로 태양 운행의 시발점이라서 음력 정월과 상통한다.

우리나라에서는 동짓날에 팥죽을 쑤어 새알심을 시식(時食)한다. 또한 사당에 차례를 지내며 액땜움의 뜻으로 대문 등에 팥죽을 뿌리는 풍습도 있었다.

부록 附錄

개장 · 이장 및 장례 용어

개장·이장 및 장례 용어

01 전통식 개장 · 이장(改葬 · 移葬)

개장은 면례(緬禮)라고도 하는데, 무덤을 옮겨 다시 장사지내는 것을 말하며 풍수설(風水說)에 의거, 보다 좋은 장지로 이장(移葬)하는 것이다.

의식은 초상 때와 같으며 우선 새로운 묘지를 정한 뒤 날을 받은 다음 옛 묘지에 이르러 토지신(土地神)에게 제사를 지내야 한다. 이때의 축문은 다음과 같다.

묘 전 토지신에 대한 제사 축문

維歲次己酉 六月庚戌朔 十九日辛亥 幼學 某
유세차기유 유월경술삭 십구일신해 유학 모

敢昭告于
감소고우

土地之神 今爲 學生慶州金公 卜宅茲地 恐有他患
토지지신 금위 학생경주김공 복택자지 공유타환

將啓窆遷于他所 謹以 淸酌脯果(醯) 祗薦于神
장계폄천우타소 근이 청작포과 혜 지천우신

神其佑之 尚
신기우지 상

饗
향

[해설] 기유년 유월 십구일에 모는 감히 고하나이다. 토지의 신이시여, 이제 학생 경주 김공의 묘를 이곳에 두는 것이
다른 우환이 있을까 두려워 앞으로 다른 곳에 옮기기로 하였사옵니다. 이에 삼가 맑은 술과 포과를 공손히
신령 앞에 차리오니 신령께서는 이를 도와 주시옵고 흠향하소서.

장사 후 3년 내에 개장할 때의 의식과 절차는 초상 때의 치상(治喪)과 같고 그 후
에는 시마복(總麻服)을 새로 지어 입는다

개장할 때는 금(衾 : 이불)과 옷·풀솜·염습한 뒤에 시신을 묶는 삼베를 준비하
며, 관이 썩어서 하관(下棺)하기가 어려울 것 같으면 새로 관을 만든다.

개장할 때 축관이 토지신에게 제사지내는 의식은 처음 장례 때와 같으나 복(服)은
시마(總麻 : 종증조·삼종형제·중증손·중현손의 장례에 석 달 동안 입는 상복)로 한다.
단, 3년 안에 개장할 때에는 시마 대신 원복(原服)을 입는다.

파묘 때의 축문

維歲次壬子 七月癸丑朔 初六日 某孫 某
유세차임자 칠월계축삭 초육일 모손 모

敢昭告于
감소고우

顯某位某官府君 葬于玆地 歲月滋久 體魄不寧
현모위모관부군 장우자지 세월자구 체백불녕

今將改葬 伏惟 尊靈 不震不驚
금장개장 복유 존령 불진불경

[해설] 임자년 칠월 초육일에 모손 모는 고하나이다. 이곳에 장사지낸 지 오래 되어서 체백(體魄 : 죽은 지 오래 된
송장이나 땅 속에 묻은 송장)이 편안하지 못할까 염려되옵기로 다른 장소로 옮기고자 하오니 존령께서는 놀라지
마시옵소서.

파묘(破墓)할 때는 묘의 서쪽부터 괭이로 한 번 찍고 '파묘!' 또 한 번 찍고 "파묘!" 다시 한번 찍고 "파묘!"라고 외치면서 사방을 찍은 후에 흙을 파낸다.

관을 들어낼 때에는 흩어지지 않도록 조심하며 미리 준비해 둔 칠성판(七星板 : 염습할 때 시신 밑에 까는 널빤지)에 올려놓는다.

관을 열어 시신에 흙이 묻었으면 대나무로 만든 칼을 사용하여 닦은 후에 뼈를 칠성판에 놓고 긴 삼베로 칠성판과 함께 머리 쪽에서부터 감아 내려간다.

이때 칠성판에는 붓으로 북두칠성(北斗七星)을 그려 놓는다.

시신을 새 묘지에 옮겨 놓은 다음에는 역시 토지신에게 제사를 지내야 하는데 의식은 초상 때와 같다.

제사가 끝나면 광중(壙中)을 파는데, 이 의식도 초상 때와 같다. 또한 묘를 개수(改修)하거나 석물(石物) 등을 설치할 때도 술과 과일, 포(脯)를 차려놓고 고축(告祝)한다.

개장이 끝나면 우제(虞祭)를 지내는데 개장 당일에 묘 앞에 진설하고 고축하며 초우만 지내고 재우와 삼우는 지내지 않는다.

초우 때의 축문

維歲次甲寅 九月乙卯朔 九日丙辰 孝子 某
유세차갑인 구월을묘삭 구일병진 효자 모

敢昭告于
감소고우

顯考學生府君 新改幽宅 禮畢終虞 夙夜靡寧 啼號罔極
현고학생부군 신개유택 예필종우 숙야미녕 제호망극

謹以 淸酌庶羞 祗薦虞事 尙
근이 청작서수 지천우사 상

饗
향

[해설] 갑인년 구월 구일에 효자 모는 고하나이다. 아버님의 유택을 새로 마련하옵고 종우(終虞 : 마지막 우제)의 예를 올리오니 이른 아침부터 마음이 편안치 못하고 슬픔 또한 끝이 없사옵나이다. 이에 삼가 맑은 술과 음식을 올려 우제를 베푸오니 흠향하시옵소서.

개장이 끝나고 귀가하면 주인은 시마복을 입고, 주인 이후는 개장할 때 입었던 옷을 입고 사당에 나가서 고하고 신주를 정침(正寢 : 집 안채의 제사지내는 몸체의 큰방)으로 옮겨 고사를 지낸다.

개장 후 사당 고사

維歲次丁巳 五月戊午朔 初九日 某孫 某 玆以
유세차정사 오월무오삭 초구일 모손 모 자이

顯某位學生府君 體魄拖非 其他恐有 意外之患
현모위학생부군 체백타비 기타공유 의외지환

驚動先靈 不勝憂懼 將以八月六日 改葬于
경동선령 불승우우 장이팔월육일 개장우

某郡某面某里某山某座之原 謹以 酒果用伸
모군모면모리모산모좌지원 근이 주과용신

虔告謹告
건고근고

[해설] (전략) 체백이 함께 하지 못하고 기타 뜻밖의 환난에 놀라실까 염려하여 오는 오월 초구일에 ○○군 ○○면 ○○리 ○○산 ○○ 좌향의 언덕에 개장하기로 하였사옵기에 삼가 주과를 차려놓고 고하나이다.

이제까지 한 사람이 운명하여 담제, 길제에 이르기까지의 까다롭고 복잡한 의식 절차는 중국의 《주자가례》를 기준한 우리 풍습의 기초가 되었던 《사례편람》에 바탕을 둔 것으로서 이는 우리 선조들의 효심과 예법을 본받기 위함이다.

02 전통 장례 축문 용어 해설(祝文用語解說)

축문(祝文)이라는 것은 고(告)하는 자의 애절한 마음을 호소하고, 고(告)함을 받는 자에 대한 추모를 표시하는 것이다. 축문 쓸 때는 깨끗한 백지나 창호지에 쓰되, 넓이 8촌 정도의 크기에 해서체(楷書體)로 정성스럽게 쓴다.

- 유(維) : 이어서 내려온다는 뜻이며 그대로 옮겨 쓴다.

- 유세차(維歲次) : 이 해의 차례라는 뜻으로 축문의 첫 머리에 쓴다.

- 간지(干支) : 천간(天干)과 지지(地支)를 말하는데, 천간은 육십 갑자(六十甲子)의 윗단위를 이루는 요소로 갑(甲)·을(乙)·병(丙)·정(丁)·무(戊)·기(己)·경(庚)·신(辛)·임(壬)·계(癸)이며, 지지는 육십 갑자의 아래 단위를 이루는 요소로 자(子)·축(丑)·인(寅)·묘(卯)·진(辰)·사(巳)·오(午)·미(未)·신(申)·유(酉)·술(戌)·해(亥)를 말한다. 따라서 그 해가 무인년(戊寅年)이라면 무가 천간이고 인이 지지가 된다. 이와 함께 상을 당한 달의 음력 초하룻날 일진(日辰)을 쓰는데, 예를 들어서 그 해의 음력 2월 1일의 일진이 을사(乙巳)이면 '을사'라 쓴다.

- 삭(朔) : 상을 당한 달의 초하루라는 뜻으로 축문에는 언제나 쓰인다.

- 기월(幾月) : 상을 당한 달(고하는 달)을 따라서 쓴다. 예를 들어 상을 당한 달이 8월이면 「八月」이라 쓴다.

- 고자, 애자(孤子, 哀子) : 제사를 받드는 사람의 칭호로서, 제사를 받드는 사람과 제사의 종류에 따라 달라진다. 고자(孤子)라고 쓰는 것은 졸곡(卒哭) 때까지이며, 졸곡 후에는 효자(孝子)로 칭한다. 「효」자는 맏아들이라는 뜻으로 종가의 맏아들이나 적자(嫡子)에게만 쓰며, 차자(次子)에는 쓰지 않고 다만, 「자(子)」 자만 쓴다.

아버지가 사망하였으면 「고자」 또는 「효자」라고 쓰며, 어머니가 사망하고 아버지가 살아 계신 때에는 「애자」 혹은 「효자」라고 쓰며, 부모가 다 사망하였으면 「고애자」 혹은 「효자」라 쓴다.

또 할아버지가 사망하셨는데 아버지도 계시지 않을 때 손자가 몽상(蒙喪)을 입은 것을 「승중(承重)」이라고 하는데, 이때 할아버지가 사망하면 「고손」이나 「효손」이라 쓰며, 조부모가 다 사망하였으면 「고애손」이라 한다. 남편이 죽었을 때 아내가 축문을 고하면 「처(妻)」라 하며, 또 반대로 아내가 죽었을 때 남편이 고하면 「부(夫)」라 쓴다.

일가붙이[傍親]나 낮은 이[비유 : 卑幼]에는 그 붙이를 따라서 쓴다. 삼촌이 죽었을 때 질(姪)이 고하면 「질」이라 쓰며, 아우가 죽었을 때 형이 고하면 「형」이라 고쳐 쓴다.

만약 제주(祭主)가 출타시에 제주 이외의 사람이 고할 때에는 「○子 出他未還 ○子(혹은 ○孫) ○○代行」이라 쓴다. 또 제주가 병중인 때에는 「○○ 疾病有故 ○子」라 쓴다.

- 부군(府君) : 돌아가신 아버지에 대한 존칭으로 쓰는 것인데, 내상(內喪)에는 망자의 관향(즉, 본관)과 성씨를 쓰며, 비유(卑幼)에는 이 두 자를 쓰지 않는다.

- 현고, 부군(顯考, 府君) : 현고와 부군은 망자의 위(位) 즉, 제사를 받는 자의 위를 표시하는 것이다. 기제 때에 양위(兩位) 분 중 어느 분의 제삿날이건 양위를 다 같이 제사를 지내게 되기 때문에 이때에는 두 분을 다 써야 하는 것이다. 그 쓰는 위치는 언제나 고위(考位, 즉 남자)부터 왼쪽에 쓰며, 비위(妣位, 즉 여자)는 그 다음에 나란히 쓴다. 만일 어머니나 할머니가 두 분 이상인 경우에는 나란히 차례로 쓴다. 어머니는 「顯妣孺人」이라 쓴다.

- 학생(學生) : 생전에 벼슬을 하지 못하고 돌아가신 어른에게 쓰는 문구이다. 만일 벼슬을 했을 때에는 벼슬 이름을 쓴다. 부인의 경우 남편이 벼슬이 없으면 그냥 '유인(孺人)'이라 쓰고, 만약 남편이 생전에 좌찬성(左贊成 : 조선조 때 의정부의 종일품 벼슬)을 지냈다면 부인은 정경부인이란 봉작을 받게 되므로 '유인' 대신에 '정경부인(貞敬夫人)'이라 쓴다. 손아랫사람이나 항렬이 낮은 사람, 나이가 어린 사람에게는 쓰지 않는다.

- 일월불거, 애모불녕(日月不居, 哀慕不寧) : 이 구절은 망자 즉, 제사를 받는 자와 제사를 받드는 자의 지난날과 현재의 애절한 마음을 표시하는 것이다. 이것은 그 당한 때와 제사에 따라서 달라진다.

- 애천(哀薦) : 애천은 방친 즉 일가붙이에는 「천차(薦此)」라 하나, 아내나 아우 이하에는 「진차(陳此)」라 고쳐 쓴다.

- 근이 · 자이 · 상향(謹以 · 玆以 · 尙饗) : 정성껏 제수를 차려서 올리오니 신(神)께서는 흠향 즉, 잘 잡수시라는 뜻의 구절로 제사를 받는 자와 받드는 자의 관계에 따라서 달라지는 것이다. 자기보다 손아랫사람에게는 「자이」를 쓴다.

- 영건택조(營建宅兆) : 무덤을 세우고자 한다는 뜻이다. 합장(合葬)하는 경우는 고쳐서 쓰되 비위(妣位)의 묘에 합장할 때는 「合窆于(합폄우) 某封某公之墓」라고 한다. 또 한 고위(考位)의 묘에 합장할 때에는 「合窆于 某官某公之墓」라고 고쳐 쓴다.

- 폄자유택(窆玆幽宅) : 무덤을 여기에 정했다는 뜻이다.

- 신주기성 복유(神主旣成 伏惟) : 신주(神主)를 만들지 않았을 때는 「神主未成」이라 고쳐서 쓰며, 비유(卑幼)인 때에는 복유를 「惟靈」이라 고쳐 쓴다.

- 사구종신 시빙시의(舍舊從新 是憑是依) : 신주를 만들지 않았을 때는 「魂箱猶存 仍舊是依(잉구시의)」라고 고쳐 쓴다. 이는 「혼백 상자를 모시오니 여기에 의지하옵소서」라는 뜻이다.

그러나 요즘처럼 혼백도 모시지 못하는 경우는 「舍舊從新」을 「依舊束帛」으로 바꾸어 쓴다.

- 모죄역흉 모자(某罪逆凶 某子) : 고사자(告辭者)의 이름을 쓰는 것으로 방계족(傍系族)이나 아랫사람에는 쓰지 않는다.

- 견배(見背) : 아랫사람에게는 「상서(喪逝)」라 쓴다.

- 용신건고근고(用伸虔告謹告) : 「용고궐유(用告厥由)」라 쓴다.

- 엄급초우(奄及初虞) : 재우제(再虞祭) 때는 「奄及再虞」라 고치고, 삼우제인 경우도 「奄及三虞」라 고쳐 쓴다. 우제 때는 「虞事」로, 졸곡 때는 「成事」로, 소상 때는

「常事」로, 대상 때는 「祥事」로, 담제 때는 「禪事」로 쓴다.

- 숙흥야처 애모불녕(夙興夜處 哀慕不寧) : 아들에게 고할 때는 「悲念相續心焉如毁」라 고쳐 쓰며 형에게 고할 때는 「悲痛無己 至情如何」라 고쳐 쓴다.

처상(妻喪)일 때는 「悲悼酸苦 不自勝堪」으로, 제상(弟喪)일 때는 「悲痛猥至 情何可處」로, 자부상(子婦喪)에는 「悲念在茲 酸苦不堪」을 쓴다.

- 협사(祫事) : 성사(成事)·상사(祥事)·담사(禪事)·세사(歲事)·연사(練事)로 그 제사에 따라 바꿔 쓴다.

- 매우묘소(埋于墓所) : 체천하는데 가까움이 다하지 않은 일가가 있어서, 옮겨 갈 적에는 「遷于 某親某之房」이라 고쳐 쓴다.

- 존령(尊靈) : 손윗사람의 영혼을 높여서 하는 말. 항렬이 낮거나 처 이하 아랫사람에게는 「惟靈」이라 한다.

- 공유지환(恐有地患) : 합폄을 하려고 개장(改葬)을 하면 「今爲合窆」이라 고쳐 쓴다.

- 건자택조(建兹宅兆) : 합폄할 때에는 「今已葬畢」이라 고쳐 쓴다.

- 소심외기 불타기신(小心畏忌 不惰其身) : 소상제에 쓰는 사람도 있고, 안 쓰는 사람도 있다. 그러나 이것은 가풍과 관습에 따라 행하는 것으로 쓰지 않아도 무방하다.

- 근구모물(謹舊某物) : 비지(碑誌)·상석(床石)·망주(望柱)·석인(石人) 등 건립하는 석물에 따라서 쓰게 된다.

- 용위묘도(用衛墓道) : 비석에는 용위를 고쳐 「用表」라 하고, 지석에는 「약서세계(略敍世系) 埋于美門」이라 쓴다.

- 유차중춘 세공운시(維此仲春 歲功云始) : 여름에는 「仲夏應期 物暢茂」라 하고, 가을에는 「維次中秋 歲功將就」라 한다. 그리고 겨울에는 「維此仲冬 歲功告年」이라 하며, 연말이면 「歲律將更 辛兹安吉」이라 한다.

- 약시소사(若時昭事) : 그 해가 다 되면 「昭事」를 고쳐서 「報事」라 쓴다.

- 영존궐거(永尊厥居) : 해가 다 되어 가는 연말이면 「介以春祺」라 쓴다.

- 상제(喪祭) : 어머니가 먼저 죽으면 「喪制」 이하 여덟 자를 고쳐서 「子 罪逆不減

歲反免喪」이라 쓴다.

- **입묘(入廟)** : 승중(承重)일 때는 「入廟」 밑에 「先考某官府君 已於某年某月 祔于祠亦 當遷主入廟」라 쓴다. 이는 돌아가신 아버지 ○○ 벼슬한 어른이 이미 ○○해 ○ ○달에 할아버지 감실에 부치고 또한 신주를 옮겨 사당에 드린다는 말이다.

- **금장개제(今將改題)** : 부위(祔位)에 고쳐 쓴다. 윗사람이면 그 아래에 「某親某官府 君」 혹은 「某封某氏 神主」로 고쳐 쓴다. 아랫사람에게는 「府君」을 뺀다.

- **신주기성복유(神主旣成伏惟)** : '신주를 만들고 삼가 생각하옵건대'라는 뜻이다. 신 주를 만들지 않았을 때에는 신주미성(神主未成)이라고 쓰며, 항렬이 낮거나 어린 사람일 때에는 '복유(伏惟)'를 '유령(惟靈)'이라 고쳐 쓴다.

03 전통 제례 제문 용어(祭文用語) 풀이

- **유세차갑자(維歲次甲子)** : 유세차는 '이 해의 첫머리'라는 뜻이고 갑자는 간지(干支) 로서 그 해의 태세(太歲 : 육십 갑자)를 말한다. 예를 들어 신미년이면 그 해의 태 세를 '신미(辛未)'라 쓴다. 또 그 해의 태세가 임오년이면 '유세차' 다음에 '임오 (壬午)'로 바꾸어 쓰면 된다.

- **오월을묘삭(五月乙卯朔)** : 5월은 음력으로 제사를 지내는 달이고, '을묘삭'은 그 달 의 초하룻날의 일진(日辰)이다. 예컨대 제사를 지내는 달이 5월이고 초하룻날 의 일진이 경자일이면 오월 을묘삭 초일일 경자(五月乙卯朔 初一日庚子)라 쓰면 된다.

- **칠일병오(七日丙午)** : 음력으로 제사를 지내는 날짜와 그 날의 일진이 '병오(丙午)' 라는 뜻이다. 만일 그 날의 일진이 을해이면 '을해(乙亥)'라 바꾸어 쓰면 된다.

- **효손(孝孫)** : 이는 고인(故人)과 자기와의 관계를 말한다. 졸곡(卒哭) 전의 초종(初 終)일 때 아버지에게는 '고자(孤子)', 조부모에게는 '애손(哀孫)', 조부모가 모두

돌아가셨을 때에는 '고애손(孤哀孫)', 증조부의 제사에는 '효증손(孝曾孫)', 고조부모의 제사에는 '효현손(孝玄孫)'이라 쓴다. 여기서 효(孝) 자를 쓰는 것은 종가의 맏아들인 경우에만 한한다. 또 남편의 제사에는 '주부(主婦)', 아내의 제사에는 '부(夫)'라고 쓴다.

- **모(某)** : 모는 고(告)하는 사람, 즉 제사를 받드는 사람의 이름이다. 예컨대 제사를 받드는 사람의 이름이 평산이면 모를 '평산(評山)'이라 쓴다.

- **유학(幼學)** : 자기를 낮추어 일컫는 말로 벼슬이 없을 때 쓰인다.

- **감소고우(敢昭告于)** : '삼가 고하나이다'의 뜻으로 제위(祭位)가 자기보다 어른일 때에 쓴다. 아내일 때는 '감(敢)'자를 쓰지 않고 '소고우(昭告于)'만 쓰며 아우나 항렬(行列)이 낮거나 어린 사람에게는 그냥 '고우(告于)'라 쓴다.

- **현모친(顯某親)** : 이것은 제위에 대한 경칭(敬稱)으로 아버지에 대해서는 '현고(顯考)', 어머니에 대해서는 '현비(顯妣)', 할아버지에게는 '현조고(顯祖考)', 할머니는 '현조비(顯祖妣)', 남편에게는 '현벽(顯辟)', 아내는 '고실(故室)', 아랫사람일 때는 '현(顯)'자를 '망(亡)'자로 바꾸어 쓴다. 아들에게는 '망자수재(亡子秀才)'라 쓴다. 형님에게는 「顯兄」이라고 쓴다.

- **학생(學生)** : 생전에 벼슬을 하지 못하고 돌아가신 어른에게 쓰는 문구이다. 만일 벼슬을 했을 때에는 벼슬 이름을 쓴다. 부인의 경우 남편의 벼슬이 없으면 그냥 '유인(孺人)'이라 쓰고, 만약 남편이 생전에 좌찬성(左贊成 : 조선조 때 의정부의 종일품 벼슬)을 지냈다면 부인은 정경부인이란 봉작을 받게 되므로 '유인(孺人)' 대신에 '정경부인(貞敬夫人)'으로 쓴다. 손아랫사람이나 항렬이 낮은 사람, 나이가 어린 사람에게는 쓰지 않는다.

- **부군(府君)** : 망부(亡父)나 남자 조상에 대한 존칭이다. 여자인 경우에는 '부군' 대신 관향(貫鄕)과 성씨를 쓴다. 예컨대 관향이 경주이고 성이 김씨라면 유인(孺人) 다음에 '경주김씨(慶州金氏)'를 쓰면 된다. 손아랫사람이나 항렬이 낮은 사람, 나이 어린 사람에게는 쓰지 않는다.

● 근이(謹以) : 정성을 다함. 또는 이에 삼가.

● 자이(玆以) : 이에 지금부터.

● 상향(尙饗) : 제례 축문의 끝에 쓰는 말로 '흠향하소서' 라는 뜻.

● 현고부군(顯考府君) : 아버지를 뜻하는 존칭어.

● 청작서수(淸酌庶羞) : 맑은 술과 여러 가지 음식을 드림.

● 신기보우(神其保佑) : 신령께서 보호하여 주신다.

● 세서천역(歲序遷易) : 세월이 흘러 바뀜.

● 휘일부림(諱日復臨) : 돌아가신 날이 다시 오다. 처와 아우 이하에는 '망일복지(亡
　　日復至)' 라 쓴다.

● 호천망극(昊天罔極) : 넓은 하늘과 같이 부모의 은혜가 크다. 부모의 기제축문에
　　사용한다.

● 불승영모(不勝永慕) : 사모하는 마음 금할 수 없음. 조부 이상의 기제사에 사용한
　다. 방천일 때에는 '불승감창(不勝感愴 : 비통한 마음 금할 길 없다)'을 쓴다.

● 추원감시(追遠感時) : 돌아가신 때를 맞아 추모하는 마음으로 감동함.

● 유시보우(維時保佑) : 계속 보호하고 돌봐줌.

● 실뢰신휴(實賴神休) : 신령님의 은혜를 받는다.

● 기서유역(氣序流易) : 세월이 흘러 바뀜.

● 성상재회(星霜載回) : 묵은 해가 넘어갔다.

● 첨소봉영(瞻掃封塋) : 산소를 깨끗이 단장함.

● 불승감모(不勝感慕) : 사모하는 정을 이기지 못함.

● 우로기유(雨露旣濡) : 봄이 되어 비와 이슬이 내림.

● 초목기장(草木旣長) : 풀과 나무에 잎이 무성함.

● 백로기강(白露旣降) : 찬 이슬이 벌써 내렸다.

● 생신복우(生辰復遇) : 돌아가신 부모님의 생신날이 다시 옴.

● 존기유경(存旣有慶) : 살아 계셨더라면 경사스러운 날.

●몰녕감망(沒寧敢忘) : 돌아가셨지만 편안하신지 잊을 수가 없음.

●요급회갑(邀及回甲) : 회갑날을 맞아하여.

●생시유경(生時有慶) : 살아 계실 때와 같이 경사를 베품.

●상로기강(霜露旣降) : 찬 서리가 이미 다 내렸다.

●금이초목(今以草木) : 풀과 나무.

●귀근지시(歸根之時) : 풀과 나무의 뿌리까지 기운이 거두어지는 계절.

●추유보본(追惟報本) : 선조님의 산소를 바라본다.

●예불감망(禮不敢忘) : 예의를 다 갖추지 못하여 잊을 수 없음.

●세천일제(歲薦一祭) : 일 년에 한 번 돌아오는 제사.

●예유중제(禮有重制) : 예의를 갖추었음.

●이자상로(履玆霜露) : 찬 이슬을 밟음.

●경신전헌(敬神奠獻) : 공경하는 신께 전을 올림.

●공수세사우(恭修歲事于) : 공손하게 제사를 올림.

●공신전헌(恭伸奠獻) : 공손히 전(奠)을 드림.

●반구지가(返柩至家) : 영구가 집에 돌아옴.

●불승감창(不勝感愴) : 비통한 마음 금할 길 없음.

●불자승감(不自勝感) : 감정을 스스로 이기지 못함.

●숙흥야처(夙興夜處) : 하루종일.

●식준조도(式遵朝道) : 아침길을 인도함.

●신주미황(神主未遑) : 겨를이 없어 신주를 만들지 못함.

●심훼비념(心燬悲念) : 슬픈 마음이 가슴을 다 태움. 아우(弟) 이하는 고우(告于)만 쓴다.

●애천협사(哀遷祫事) : 슬픈 마음으로 제사를 지냄.

●엄급초우(奄及初虞) : 어언 초우가 돌아옴.

●영천지례(永遷之禮) : 영원히 가시는 예.

- 우로기강(雨露旣降) : 어느덧 비가 내리고 이슬이 내림.
- 재진견례(載陳遣禮) : 가시는 예를 배풀다.
- 정하가처(情何可處) : 정을 어찌할 바를 모름.
- 정하비통(情何悲痛) : 비통한 마음 어찌할 바를 모르겠음.
- 지천세사(祗薦歲事) : 제사를 올림.
- 진차전의(陳此奠儀) : 여러 음식을 차려 전을 올림.
- 천구(遷柩) : 영구를 옮김.
- 첨소봉영(瞻掃封塋) : 산소를 청소함.
- 청천구우(請遷柩于) : 청하옵건대 영구를 옮기다.
- 신차전의(伸此奠儀) : 이렇게 펼쳐 올림.
- 엄급기상(奄及朞祥) : 돌아가신 지 돌이 돌아옴.

한 국 산 업 규 격

ICS 01.020 ; 03.080.30
KS

장례식장 서비스-용어

A 0961 : 2002

Funeral home services – Terminology

서 문 이 규격에서는 장례식장 서비스 이용에 관한 제반 계약과 원활한 장례식장 서비스수행과정에서 용어 해석상에 발생할 수 있는 문제점을 해소하고, 사업자와 이용자간의 명확한 의사전달을 위한 약속으로써 장례식장 서비스 용어를 정의하고 있다.

이 규격은 기본 용어, 장례절차, 장례용품 및 장례시설 용어로 구분 정의하고 있다.

– 기본 용어 : 장례식장 서비스와 관련한 기본적인 용어

– 장례절차 용어 : 장례절차에서 사용되는 용어

– 장례용품 용어 : 장례용품에 대한 용어

– 장례시설 용어 : 장례식장 서비스를 제공하는 시설과 관련된 용어

1. 적용 범위 이 규격은 장례식장 서비스 계약을 체결한 후 장례식장에서 임종 후부터 발인까지 행해지는 서비스에 대하여 적용한다. 단 임종 전에 일어나는 용어와 발인 이후에 일어나는 화장 및 매장 등에 수반되는 용어는 이 범위에 적용되지 않는다.

2. 기본 용어

번호	용어	정의
2.1	장례(葬禮)	죽음을 처리하는 과정에서 행해지는 일련의 의례
2.2	장사(葬事)	시신을 화장하거나 매장하는 등의 시신을 처리하는 일련의 행위
2.3	고인(故人)	장례를 진행하는 과정에서 죽은 이에 대하여 예(禮)로써 높여 부르는 말
2.4	시신(屍身)	죽은 사람의 몸체를 높여 부르는 말
2.5	사망진단서 (死亡診斷書)	의사가 사람의 사망을 의학적으로 증명할 때에 작성하는 문서
2.6	사체검안서 (死體檢案書)	의사의 치료를 받지 아니하고 사망한 사체를 살펴서, 의사가 사인(死因)을 의학적으로 검안하여 사망을 확인하는 증명서
2.7	상가(喪家)	장례를 치르는 장소로서 상을 당한 자택이나 장례식장

2.8	상주(喪主)	고인의 자손으로 장례를 주관하는 사람
2.9	호상(護喪)	장례에 관한 모든 일을 맡아서 진행하는 사람
2.10	유족(遺族)	고인과 친인척관계에 있는 사람
2.11	문상(問喪)	고인의 명복을 빌고 유족을 위로하는 일
2.12	문상객(問喪客)	고인의 명복을 빌고 유족을 위로하러 온 사람

3. 장례 절차 용어

번호	용어	정의
3.1	임종(臨終)	운명하는 순간을 지켜 보는 것
3.2	운명(殞命)	숨을 거두는 것
3.3	고복(皐復)	고인의 소생을 바라는 마음에서 시신을 떠난 혼을 불러들이는 것
3.4	수시(收屍)	시신이 굳어지기 전에 팔과 다리 등을 가지런히 하는 행위
3.5	안치(安置)	시신의 부패와 세균번식 등을 막기 위하여 냉장시설에 시신을 모시는 것
3.6	부고(訃告)	고인의 죽음을 알리는 것
3.7	염습(殮襲)	시신을 목욕시켜 수의를 입히고 입관하는 일
3.8	입관(入棺)	시신을 관에 모시는 일
3.9	보공(補空)	시신이 움직이지 않도록 관의 빈 곳을 채우는 일
3.10	영구(靈柩)	시신이 들어 있는 관
3.11	결관(結棺)	영구(靈柩)를 운반하기 편하도록 묶는 일
3.12	복인(服人)	고인과의 친인척관계에 따라 상복을 입어야 하는 사람들
3.13	성복(成服)	입관 후 상주와 복인이 상복을 입는 일
3.14	상식(上食)	고인이 생시에 식사하듯 빈소에 올리는 음식
3.15	장지(葬地)	시신을 화장하여 납골하는 장소 또는 매장하는 장소
3.16	발인(發靷)	상가(장례식장)에서 영구를 운구하여 장지로 떠나는 일

4. 장례용품 용어

번호	용어	정의
4.1	조등(弔燈)	상가(喪家)임을 표시하기 위하여 거는 등(燈)
4.2	수시포(收屍布)	돌아가신 직후 시신을 덮는 홑이불
4.3	혼백(魂帛)	고인의 영혼을 상징하기 위하여 빈소에 모시는 삼베나 명주로 접어서 만든 패(牌)
4.4	영정(影幀)	고인을 상징하는 초상화 또는 사진
4.5	수의(壽衣)	시신에게 입히는 옷

4.6	폭건(幅巾)	시신의 머리에 씌우는 건
4.7	멱목(幎目)	시신의 얼굴을 덮는 천
4.8	충이(充耳)	시신의 귀를 막는 솜뭉치로 된 귀마개
4.9	악수(幄手)	시신의 손을 싸는 손싸개
4.10	습신	시신에게 신기는 신발
4.11	조발랑(爪髮囊)	시신을 목욕시킬 때 빠진 머리카락·손톱·발톱 등을 넣는 작은 주머니
4.12	상장(喪杖)	상주와 복인이 짚는 지팡이
4.13	상장(喪章)	양복 형태의 상복을 입을 때 가슴에 부착하는 리본
4.14	두건(頭巾)	상복을 입을 때 머리에 쓰는 건
4.15	효건(孝巾)	굴건제복할 때 상주와 복인이 머리에 쓰는 건
4.16	굴건제복(屈巾祭服)	전통적인 상복
4.17	명정(銘旌)	고인의 관직이나 본관, 성명 등을 쓴 붉은 색 깃발
4.18	칠성판(七星板)	시신을 받치기 위해 관 바닥에 놓는 널빤지
4.19	관보(棺保)	영구(靈柩)의 덮개
4.20	천금(天衾)	입관할 때 시신을 덮는 이불
4.21	횡대(橫帶)	매장할 때 영구 위에 흙이 직접 닿지 않도록 덮는 나무토막 혹은 널빤지
4.22	부의록(賻儀錄)	문상객들의 이름과 부의금을 기록한 명부
4.23	영구차(靈柩車)	영구를 운반하는 자동차

5. 장례시설 관련 용어

번호	용어	정의
5.1	장례식장(葬禮式場)	장례의식을 행하고 서비스를 제공할 수 있는 시설을 갖춘 장소
5.2	빈소(殯所)	문상객의 문상을 받기 위하여 고인의 영정이나 혼백을 모셔 놓은 장소
5.3	접객실(接客室)	문상객을 대접하기 위한 장소
5.4	안치실(安置室)	시신의 부패와 세균번식 등을 막기 위하여 시신보관용 냉장시설을 갖춘 장소
5.5	염습실(殮襲室)	시신을 목욕시켜 수의를 입히고 입관하는 장소
5.6	유족참관실(遺族參觀室)	염습할 때 유족이 참관하는 장소
5.7	장례용품 전시실(葬禮用品 展示室)	유족이 직접 장례용품을 확인하고 구입할 수 있도록 전시·판매하는 장소

ICS 01.020 ; 03.080.30

한 국 산 업 규 격 KS

화장장 서비스-용어

A 0967-1 : 2004

Crematory services - Terminology

서문   이 규격은 화장장 서비스 이용에 관한 제반 계약과 원활한 화장장 서비스 수행 과정에서 용어 해석상 발생할 수 있는 문제점을 해소하고, 사업자와 이용자간의 의사전달을 명확히 하기 위한 약속으로써 화장장 서비스에 관한 용어를 정의한다.

규격은 기본용어, 화장절차, 화장용품, 화장시설 용어로 구분하여 정의한다.

– 기본용어 : 화장장 서비스와 관련한 기본적인 용어

– 화장절차 용어 : 화장을 진행하는 과정 및 절차에서 사용되는 용어

– 화장용품 용어 : 화장장 서비스에서 사용되는 용품에 관한 용어

– 화장시설 용어 : 화장을 위한 직접적인 시설 및 설비에 관한 용어

1. 적용 범위

이 규격은 화장장 서비스 사업자와 이용자가 계약을 체결한 화장장 서비스에 한하여 적용한다. 단, 장례식장에서 행해지는 서비스와 매장 및 화장 이후에 행해지는 서비스 등에 수반되는 용어는 이 범위에서 제외된다.

2. 기본 용어

번호	용어	정의
2.1	영구(靈柩)	시신(임신 4개월 이상의 죽은 태아 포함) 또는 개장유골을 넣은 관
2.2	화장(火葬)	영구를 불에 태워 장사하는 장법
2.3	개장유골(改葬遺骨)	시신을 매장한 이후 개장할 때 수습한 뼈
2.4	화장유골 (火葬遺骨)	영구를 화장한 후 남은 뼈
2.5	화장신고서 (火葬申告書)	화장을 하고자 하는 자가 관할 시장 군수 · 구청장에게 신고할 때 사용하는 서식
2.6	화장증명서 (火葬證明書)	영구를 화장하였음을 증명하는 서류

2.7	화장기록부 (火葬記錄簿)	화장의 접수 내용 및 화장의 내용을 기록한 장부
2.8	납골(納骨)	화장유골 또는 개장유골을 납골시설에 안치하는 일
2.9	납골시설 (納骨施設)	납골묘·납골당·납골탑 등 화장유골 또는 매장유골을 안치하기 위한 시설
2.10	산골(散骨)	화장한 유골을 분골(紛骨)하여 산골시설에 뿌리는 장법
2.11	산골시설 (散骨施設)	분골(粉骨)한 화장유골을 산골하기 위하여 조성한 시설
2.12	화장안내인 (火葬案內人)	화장장에서 영구의 인수 및 운구, 유골 및 분골의 인계 등 일련의 화장 과정을 돕고 안내하는 종사자
2.13	화장작업기사 (火葬作業技士)	화장작업을 하기 위하여 화장로를 조작하는 종사자
2.14	화장시설기사 (火葬施設技士)	화장설비를 수리·점검하는 등 기술적으로 관리하는 종사자
2.15	산골비용 (散骨費用)	산골에 소요되는 산골 1건당 사용료, 부대비용 등 제경비
2.16	화장비용 (火葬費用)	화장에 소요되는 화장 1건당 화장료, 부대비용 등 제경비

3. 화장 절차 용어

번호	용어	정의
3.1	접수(接受)	유족으로부터 화장신청을 접수하고, 영구를 인수하는 일
3.2	운구(運柩)	화장을 하기 위하여 영구를 운반하는 행위
3.3	입로(入爐)	영구를 화장로에 넣고 화장로 문을 밀폐하는 행위
3.4	출로(出爐)	화장이 종료되어 화장로를 개방하는 행위
3.5	분골(粉骨)	화장한 유골을 분골기로 갈아 분말형태로 만드는 행위
3.6	습골(拾骨)	화장 후 유골을 유골용기 또는 분골용기에 담아 수습하는 행위

4. 화장용품 용어

번호	용어	정의
4.1	인식표(認識票)	영구를 식별하기 위하여 부착하는 명찰로 카드나 바코드를 포함
4.2	운구차(運柩車)	화장장 내에서 영구를 이동할 때 사용하는 운반차
4.3	화장용관(火葬用棺)	화장하기에 적합하도록 제작한 관

번호	용어	정의
4.4	연소대(燃燒臺)	화장로 내의 연소를 보다 효율적으로 진행하기 위하여 내화성 대차 위에 설치한 소형의 문살문 받침대
4.5	유골분골기 (遺骨粉骨機)	화장유골을 분말 등의 상태로 부수는 기계
4.6	유골용기 (遺骨容器)	화장유골을 납골시설에 안치하기 위하여 원형대로 수습된 뼈를 담는 용기
4.7	분골용기 (粉骨容器)	화장유골을 산골하기 위하여 분골한 화장유골을 수습하여 담는 용기
4.8	습골대(拾骨臺)	화장 후 유골을 수습할 때 사용하는 받침대
4.9	습골도구 (拾骨道具)	유골을 수습할 때 사용하는 도구

5. 화장시설 용어

번호	용어	정의
5.1	화장장(火葬場)	영구를 화장하기 위한 화장로와 부대 설비, 편의시설 등을 갖춘 화장종합시설
5.2	화장시설 (火葬施設)	화장을 할 수 있는 화장설비와 제반 편의설비를 갖춘 시설 일체
5.3	공설화장장 (公設火葬場)	특별시장·광역시장·도지사·시장·군수·구청장이 설치 운영하는 화장시설
5.4	사설화장장 (私設火葬場)	특별시장·광역시장·도지사·시장·군수 구청장이 아닌 자가 설치 운영하는 화장시설
5.5	화장로(火葬爐)	영구를 고온으로 연소시키는 장치
5.6	유족관망실	유족이 경건한 분위기에서 고인의 화장 입로 및 진행과정을 관망할 수 있는 장소
5.7	연소실(燃燒室)	영구를 고온으로 연소시키는 주연소실과 재연소실의 통칭
5.8	주연소실 (主燃燒室)	내부를 내화재로 만들어 영구를 직접 연소시키는 연소실
5.9	재연소실 (再燃燒室)	주연소실에서 발생한 연소가스의 매연이나 악취성분 등을 제거하여 공해를 방지할 수 있도록 만든 연소실
5.10	화장로 작업실 (火葬爐 作業室)	화장로 내의 연소상태를 점검하고, 작업을 직접 운전 제어하는 공간
5.11	전실(前室)	화장로 앞쪽에 마련된 공간으로, 영구를 화장로에 넣거나 화장을 준비하는 공간

5.12	점검구(點檢口)	주연소실 내의 연소상태 확인 등 화장의 진행상태를 점검하는 창
5.13	연도(煙道)	주연소실과 재연소실에서 발생한 배기가스를 배출하는 연통 혹은 배기통
5.14	접수실(接受室)	화장신청 및 수속을 접수하는 장소
5.15	습골실(拾骨室)	화장유골을 유골용기 또는 분골용기에 담아 유족에게 인계하는 장소
5.16	유족대기실 (遺族待機室)	화장장에서 유족이 화장절차를 기다리며 휴식을 취하거나 고인에 대한 의례를 행하는 장소
5.17	영구차 승강장 (靈柩車 昇降場)	영구차가 화장장에 도착하여 영구를 인수·인계하기 위하여 정차하는 장소
5.18	납골용품 전시실 (納骨用品 展示室)	유족이 직접 납골용품을 확인하고 구입할 수 있도록 전시 판매하는 장소

ICS 03.080.30

KS

한 국 산 업 규 격

봉안당(奉安堂) 서비스-용어   A 0968-1 : 2005

Charnel house services-Terminology

서 문   이 규격은 봉안당 서비스 이용에 관한 제반 계약을 원활히 하고 봉안당 서비스 수행과정에서 용어 해석상 발생할 수 있는 문제점을 해소하고, 사업자와 이용자 간의 정확한 의사전달을 위한 약속으로써 봉안당 서비스에 관한 용어를 정의한다.

이 규격은 기본용어·봉안절차·봉안용품·봉안시설 용어로 구분하여 정의한다.

– 기본용어 : 봉안당 서비스와 관련한 기본적인 용어

– 봉안 절차 용어 : 봉안을 하는 과정 및 절차에서 사용되는 용어

– 봉안 용품 용어 : 봉안당 서비스에서 사용되는 용품에 관한 용어

– 봉안 시설 용어 : 봉안을 위한 직접적인 시설 및 설비에 관한 용어

1. 적용 범위   이 규격은 봉안당 서비스 사업자와 이용자가 계약을 체결한 봉안당 서비스에 한하여 적용한다. 단, 봉안당을 제외한 여타의 묘·탑 등의 봉안 관련 시설에서 행해지는 봉안에 관련된 서비스 용어는 이 범위에서 제외한다.

2. 기본 용어

번호	용어	정의
2.1	유골(遺骨)	화장 또는 개장하여 나온 뼈의 총칭
2.2	봉안(奉安)	화장 또는 개장한 고인의 유골을 봉안시설에 모시는 일
2.3	봉안위(奉安位)	봉안당에 모신 고인을 지칭하는 용어
2.4	봉안예약(奉安豫約)	이용자가 고인의 유골을 봉안당에 모시기로 봉안당 사업자와 약정하는 일
2.5	봉안계약(奉安契約)	봉안당 사업자에게 이용료를 지불하고 일정기간 봉안당을 이용하기로 계약을 체결하는 일
2.6	봉안기간(奉安期間)	고인의 유골을 봉안당에 봉안하기로 계약한 기간
2.7	봉안도우미	봉안당에서 유골의 인수 · 봉안 · 봉인 등 일련의 봉안 과정을 돕는 종사자
2.8	위(位)	봉안당에 모셔진 고인의 유골을 세는 단위
2.9	기(基)	봉안당 내에 고인의 유골을 모시기 위해 설치한 봉안단(奉安壇)의 수를 세는 단위
2.10	봉안능력(奉安能力)	하나의 봉안당이 수용할 수 있는 최대 봉안위의 수
2.11	합골(合骨)	둘 이상의 유골을 하나의 유골용기에 함께 넣어 모시는 일
2.12	반환(返還)	봉안당 사업자가 봉안된 유골을 유족들에게 되돌려 주는 일
2.13	봉안관리번호(奉安管理番號)	봉안당에 모셔진 유골을 효율적으로 관리하기 위해 각 봉안단에 부여한 번호나 기호
2.14	참배(參拜)	봉안당의 제단(祭壇)이나 고인의 유골이 모셔진 봉안단 앞에서 고인을 추모하는 일
2.15	성묘(省墓)	고인의 유골을 모신 유족(이용자)이 명절, 기일(忌日) 등에 봉안당에 가서 참배하는 일
2.16	기일(忌日)	고인이 돌아가신 날
2.17	이용료(利用料)	계약기간 동안 봉안당을 이용하기 위하여 이용자가 봉안당 사업자에게 지불하는 요금
2.18	관리비(管理費)	봉안당 사업자가 봉안당을 지속적으로 유지 관리하기 위하여 계약기간 동안 이용자(유족)로부터 징수하는 요금

3. 봉안절차 용어

번호	용어	정의
3.1	봉안상담 (奉安相談)	이용자가 봉안당에 고인의 유골을 모시가 위하여 봉안당 사업자와 상담하는 일
3.2	봉안접수 (奉安接受)	이용자가 봉안당에 고인의 유골을 모시기 위하여 신청 및 수속을 하는 일
3.3	봉안의례 (奉安儀禮)	봉안당에 고인의 유골을 모시는 과정에서 행하는 의례
3.4	봉송(奉送)	접수된 유골을 봉안하기 위하여 봉안당 안으로 고인의 유골을 운반하는 일
3.5	봉인(封印)	고인의 유골을 봉안단에 모신 후 임의로 개폐하지 못하도록 봉안단 문을 봉(封)하는 일
3.6	추모의례 (追慕儀禮)	고인의 유골을 봉안단에 모시는 절차를 마친 후에 고인을 추모하기 위해 행하는 의례

4. 봉안용품 용어

번호	용어	정의
4.1	봉안증서 (奉安證書)	봉안당 사업자가 고인의 유골이 모셔져 있음을 증명하기 위하여 이용자에 발급하는 증명서
4.2	이용계약서 (利用契約書)	봉안당 이용에 관하여 사업자와 이용자 간의 상호권리와 의무를 규정해 놓은 증서
4.3	봉안관리대장 (奉安管理臺帳)	봉안당에 봉안된 봉안위를 효율적으로 관리하기 위하여 제반 사항을 기록해 놓은 대장
4.4	봉안접수부 (奉安接受簿)	유골봉안의 접수사항을 기록한 대장
4.5	명패(名牌)	봉안단 앞면에 고인의 인적사항을 기록하여 부착하는 표지
4.6	봉안단장식 (奉安壇裝飾)	봉안단 주변을 꾸미는 장식물의 총칭

5. 봉안시설 용어

번호	용어	정의
5.1	봉안당(奉安堂)	추모를 목적으로 고인의 유골을 공동으로 모실 수 있도록 설비를 갖춘 건축법에 의한 건축물 형태의 봉안시설

5.2	공설 봉안당 (公設 奉安堂)	특별시장 · 광역시장 및 도지사 · 시장 · 군수 · 구청장이 설치 · 운영하는 봉안당
5.3	사설 봉안당 (私設 奉安堂)	특별시장 · 광역시장 및 도지사 · 시장 · 군수 · 구청장이 아닌 자가 설치 운영하는 봉안당
5.4	봉안실(奉安室)	봉안당 내에서 유형별 봉안단을 설치하기 위하여 구획하여 놓은 방으로 ○○홀, ○○실 등으로 사용 가능
5.5	봉안단(奉安壇)	봉안당 내에 구획된 봉안실에 고인의 유골을 각각 모실 수 있도록 구획하여 만든 구조물의 총칭
5.6	개인단(個人壇)	고인 한 사람의 유골만을 모실 수 있도록 설계하여 만들어 놓은 봉안단의 유형
5.7	부부단(夫婦壇)	부부의 유골을 함께 모실 수 있도록 설계하여 만들어 놓은 봉안단의 유형
5.8	가족단(家族壇)	가족단위로 고인의 유골을 함께 모실 수 있도록 설계하여 만들어 놓은 봉안단의 유형
5.9	문중단(門中壇)	문중 단위로 고인의 유골을 함께 모실 수 있도록 설계하여 만들어 놓은 봉안단의 유형
5.10	종중단(宗中壇)	종중 단위로 고인의 유골을 함께 모실 수 있도록 설계하여 만들어 놓은 봉안단의 유형
5.11	단체단(團體壇)	고안 한 사람이 아닌 단체로 고인의 유골을 함께 모실 수 있도록 설계하여 만들어 놓은 봉안단의 유형
5.12	임시봉안단 (臨時奉安壇)	정식으로 봉안단에 모시기 전에 임시로 고인의 유골을 모실 수 있도록 마련한 봉안단
5.13	제단(祭壇)	봉안당에 모신 고인의 추모의례를 할 수 있도록 마련한 단(壇)
5.14	옥내제단 (屋內祭壇)	고인에 대한 추모의례나 참배 등의 의식을 치를 수 있도록 옥내에 마련한 제단
5.15	옥외제단 (屋外祭壇)	고인에 대한 추모의례나 참배 등의 의식을 치를 수 있도록 옥외에 마련한 제단
5.16	유족대기실 (遺族待機室)	유족이 유골의 봉안절차를 기다리거나 참배를 할 때 휴식을 취할 수 있도록 마련한 공간
5.17	의례실(儀禮室)	유족이 고인에 대한 추모의례나 참배의식을 행할 수 있도록 마련한 공간
5.18	추모비(追慕碑)	유족이 참배할 수 있도록 제단을 만들 때 세우는 상징물
5.19	사이버 추모실	인터넷상에서 고인을 추모할 수 있도록 봉안당 사업자가 구축하여 제공하는 가상 추모공간

친족계촌법

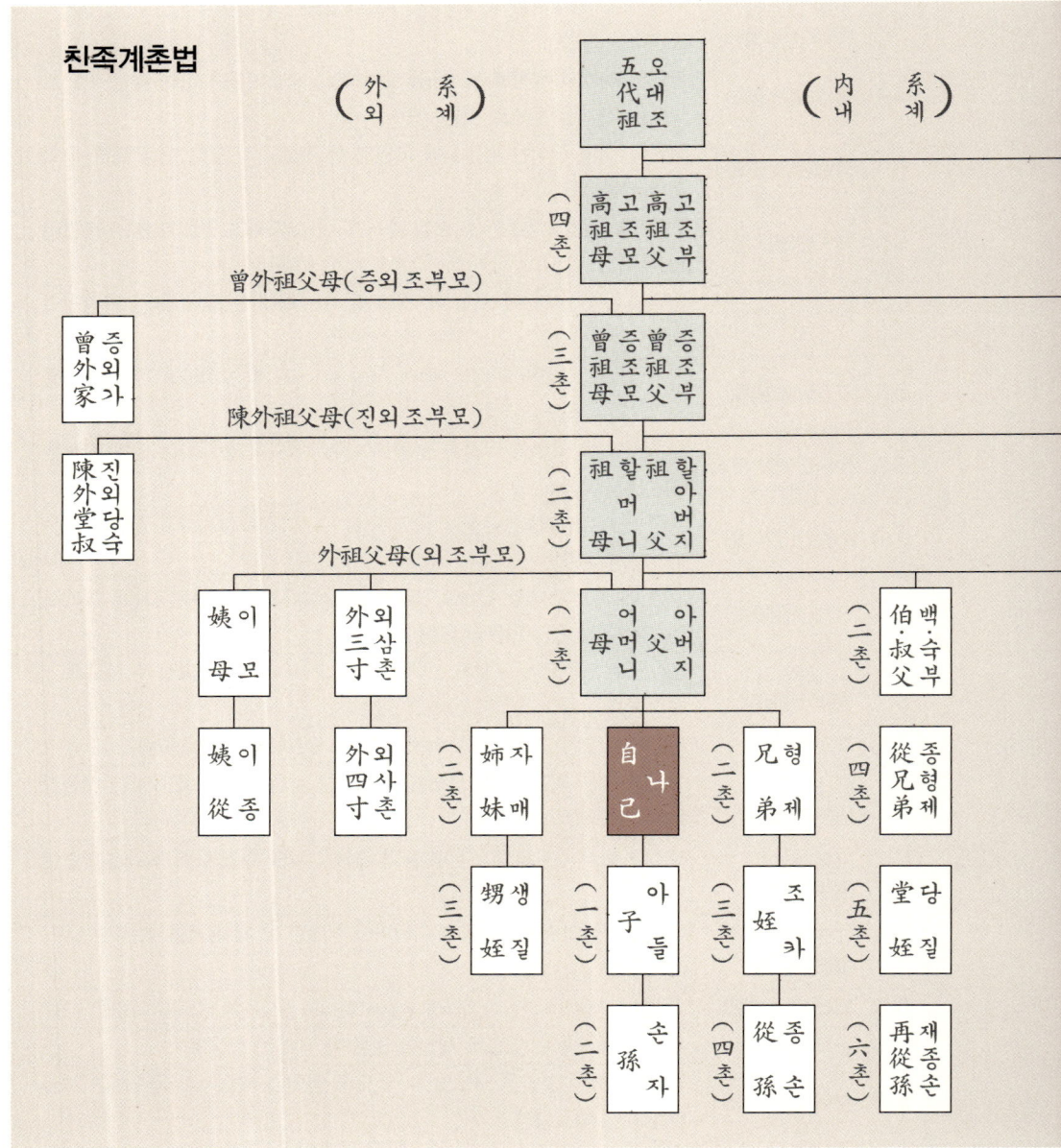

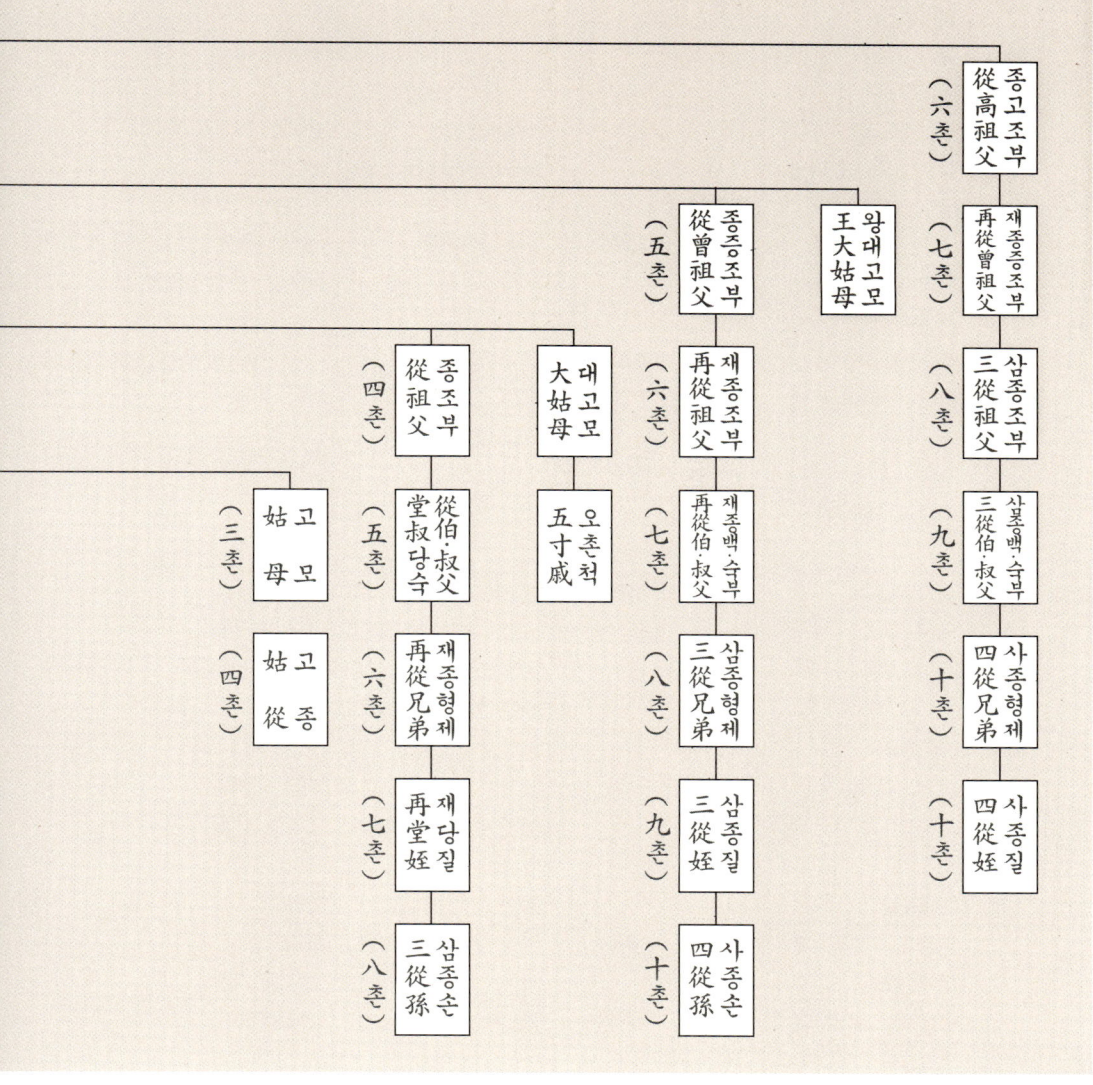

06 전통 예법상의 친족 호칭

친가

※ [제] 제사지낼 때, [문] 문장·글씨, [시] 시집온 사람이 부를 때

대상자	구분	내가 부를 때	나를 지칭할 때	내가 남에게 말할 때	남이 나에게 말할 때
조부	생존	할아버지 할아버님[시] [문]조부주	저[시], 소손 [문]불효손	조부, 왕부, 노조부	조부장, 왕부장 [문]왕존장
	사후	[제]현조고	[문]고손, [제]효손	조고·선왕부	왕대인
조모	생존	할머니, [시]할머님 [문]조모주	저[시], 소손 [문]불효손	조모·왕모·노조모	왕대부인 [문]존왕대부인
	사후	[제]현조비	[문]애손, [제]효손	조비·선왕모	선왕대부인
부	생존	아버지, 아버님[시] [문]부주	저[시], 소자 [문]불효자	가친·엄친·노친	춘부장·춘장·춘당
	사후	[제]현고	[문]고자·[제]효자	선고·선친	대인·선고장
모	생존	어머니, 어머님[시] [문]자주	저[시]·소자 [문]불효자	자친·[문]자정	자당, 훤당
	사후	[제]현비	[문]애자·[제]효자	선비	대부인, 선자당
부모 동시	생존	부모님, 양위분	저[시], 소자 [문]불효자	양친	양당
	사후	위와같음	[문]고애자·[제]효자	선고비 양위	선대인 양위
남편	생존	당신·여보 [문]서방님·군자	저·나·[문]종처 우처·졸처	남편·주인·바깥양반 [문]가군·가부 (어른에게)사랑·저	현군, 영군자 부군, 주인어른
	사후	[제]현벽	[제]주부	망부	선영군자
아내	생존	당신·여보 마누라·부인	나, [문]졸부·저	내자, 안사람, 형처 실인, (어른에게)제댁 안사람	부인, 영부인 합부인, 현합
	사후	[제]망실, 고실	[제]부	망처	고영부인
아들		이름이나 별명, 애 [문]돈아	애비·나·[문]여	자식, 가아, [문]가돈 가존	자제·영식 (큰아들)영윤
딸		이름이나 별명, 애 (출가하면 사위의 성씨를 붙여) ○○실(집), [문]여아	애미·나·[문]여	딸, 여아 여식, [문]가교	따님·영애 영교

구분\대상자	내가 부를 때	나를 지칭할 때	내가 남에게 말할 때	남이 나에게 말할 때
손자	이름이나 별명 [문]손아	나 · 할아버지, 조부 [문]여	손아 · 손녀 · 가손	영포 · 영손 · 현손
형	형, (결혼 후는)형님 [시]아주버님 [문]형주	저 · 나 · 동생 · 아우 [문]사제	사형, 큰형(사백) 작은형(사중)	큰형(백씨장) 작은형(중씨)
형수	아주머니, 형수(씨) (시집에선) 형님	저, 생수제	형수씨, 큰형수 작은형수	영형수씨
제	이름이나 별명 (시집에선 결혼 전) 도련님 (결혼 후) 서방님	나 · 형 · [문]사형	아우 · 동생 · 사제 가제, [시]동생	제씨, 영제씨
제수	제수씨, [시]동서 자네	생 · 나	제수 · 계수	영제수씨 · 영계수씨
누나	누나, 누님, (여)언니 [시]형님, [문]자주	저 · 나 · 동생 [문]사제	자씨 · 매씨	영자씨
누나 남편	자부, 자형, (여)형부	저 · 처남 · (여)처제		
누이동생	이름이나 별명 [문]사매 [시]작은아씨 (시집성을 따라) ○○서방댁	나 · 오빠 · 오라비 [문]사형	내누이 · 사매	영매씨
누이동생 남편	(여)제부, (남)매제	나 · 처남 · (여)처형		
시누이 남편	(손위아래 관계없이) 서방님	처남댁	시누이남편	시누이 남편
백숙부	큰아버지(님) *이하는 차례에 따라 둘째 셋째아버지 [문]백부주 · 중부주 숙부주	저 · 나 · 조카 [문]사질 · 유자 · 종자	사백부(큰) 사중부(둘째) 사숙부(아래) 계부(막내)	백완장, 중완장 (아래)완장
백숙모	큰어머니(님) *이하는 차례에 따라 둘째 셋째어머니 [문]백무주 · 중무주 숙무주	(위와 같음)	(부 대신 모를 넣어 부름)	백모부인, 중모부인 숙모부인

대상자 \ 구분	내가 부를 때	나를 지칭할 때	내가 남에게 말할 때	남이 나에게 말할 때
고모	아주머니 · 고모님 [문]고모주	저, 나, [문]가질	비고모	존고모부인
고모부	아저씨 · 고모부님 [문]고숙주	저, [문]부질	비고숙	존고숙장
당숙부모	아저씨, 아주머니(님) 당숙, 당숙모님	저, [문]종질 · 당질	비종숙 · 비종숙모	종완장 · 존당숙모부인

외가

대상자 \ 구분	내가 부를 때	나를 지칭할 때	내가 남에게 말할 때	남이 나에게 말할 때
외조부	외할아버지(님) 오조부 · [문]외조부주	저 · 외손 · [문]저손	의왕부	의왕존장, 의왕대장
외조모	외할머니(님) · 외조모 [문]외조모조	(외조부와 같음)	외조모	외왕대부인
외숙(모)	아저씨 · 외숙〈모〉님 [문]내구주 · 표숙모주	저 · 생질 · [문]표질	비외숙〈모〉 비표숙〈모〉	귀외숙〈모〉 귀표숙〈모〉
이모	아주머니 · 이모 [문]이모주	저 · 이질	바이모	귀이모

처가

대상자 \ 구분	내가 부를 때	나를 지칭할 때	내가 남에게 말할 때	남이 나에게 말할 때
장인	장인어른, 빙장어른 [문]외구주	저, [문]외생	비빙장	귀악장
장모	장모님 · 빙모님 [문]외고주	(장인과 같음)	비빙모	존빙모부인
사위	(장모가) ○○서방 (장인이) 이름 부름	나 · [문]여빙고	사위 · 서아 · [문]가서	서랑 · 현윤

신 장례 · 제례

초판 1쇄 찍은 날 2007년 4월 15일
초판 3쇄 찍은 날 2013년 6월 20일

엮은이 임중웅
펴낸이 임종천
펴낸곳 도서출판 신나라
　　　　경기도 양평군 양동면 매월리 광암길 31번길 30-4
　　　　전화 ｜ 031-775-2678
　　　　팩스 ｜ 031-775-2679
　　　　출판등록 ｜ 1991년 10월 14일 제6-136호

　　　　편집디자인 ｜ 프리스타일
　　　　인쇄 ｜ 태성정판사

ISBN 978-89-7593-096-6 13380